DETMOLD
Ein Porträt

DETMOLD
Ein Porträt

Fotos: Rüdiger Hose, Rainer Langstrof

Text: Diether Kuhlmann

Übersetzungen:
Thomas Hesse (Engl.), Estelle Dessart-Weege (Franz.)

Verlag Brigitte Spethmann

Grußwort

Die Stadt Detmold, ihren Bürgerinnen und Bürgern, ihren Gästen, ihren zukünftigen Besuchern und allen ihren Freunden in einem Bildband vorzustellen, ist ein verlegerisches Vorhaben, für das wir der Herausgeberin, Frau Brigitte Spethmann-Heitlage, dankbar sind.

Dieser Band zeigt eine Fülle der verschiedensten Eindrücke, entdeckt ständig Beachtens- und Liebenswertes, sodass auch derjenige, der Detmold schon zu kennen glaubt, stets von neuem überrascht wird. Und dass „Lippe-Detmold" nicht nur aus der historischen Kernstadt besteht, sondern auch unsere Ortsteile dazugehören und einen beachtlichen Beitrag zum Gesamtbild Detmolds leisten, das macht dieser Band deutlich.

Der allgemein verständliche Text ergänzt die vielgestaltige Aussage der Fotografien und bietet darüber hinaus einen anschaulichen Abriss der wechselvollen Geschichte unserer Stadt.

So empfehle ich dieses Buch Freunden und Besuchern der Stadt Detmold, die den Reichtum an historischer Architektur und landschaftlicher Schönheit der Stadt Detmold kennenlernen und bei dieser Gelegenheit eine bleibende Erinnerung mitnehmen möchten. Ich empfehle es aber auch den Detmoldern, die vielleicht neue, unbekannte Seiten ihrer Stadt entdecken werden.

Friedrich Brakemeier, Bürgermeister

Foreword

The Mayor and the Town Council would like to express their warmest thanks to Mrs Brigitte Spethmann-Heitlage who has ventured on editing this beautiful pictorial portrait introducing Detmold to its citizens, its guests, visitors and friends alike.

The book offers an abundance of views and impressions, discovers the remarkable and picturesque sides of Detmold and surprises even those who thought that they already knew this old town well.

It demonstrates vividly that Detmold does not only consist of the old town centre, but also of various outlying districts each contributing their distinct share to the special atmosphere of the place.

The commentary adds to this impression and offers a survey of the interesting history of our town.

I can only recommend this pictorial portrait as a lasting souvenir to all friends and visitors of Detmold who want to discover the great variety of historical architecture as well as the beautiful landscape of Lippe.

In addition I recommend the book to all citizens of Detmold, who may discover new aspects of their home town and may even find new ideas for excursions and walks.

Friedrich Brakemeier, mayor

Présenter la ville de Detmold à ses citoyens, ses invités, ses amis et à tous ceux qui veulent la connaître dans un livre est un projet d'éditeur, nous remercions donc la directrice de la publication, Madame Brigitte Spethmann-Heitlage.

Ce livre présente un grand nombre d'impressions et fait découvrir de nouveaux aspects, si bien que celui qui croit bien connaître Detmold se laisse surprendre et il met aussi en évidence que Detmold n'est pas seulement constitué par sa partie historique, son centre donc, mais que ses différents quartiers contribuent à la physionomie de la ville.

Le texte, à la portée de tous, est une information supplémentaire aux photos et donne en plus un aperçu concret sur le passé historique de notre ville.

Je conseille ce livre aux amis et aux invités de Detmold qui veulent connaître toute la richesse architecturale et la beauté de la ville et en garder en même temps un souvenir inoubliable. Mais je le conseille aussi aux habitants de Detmold qui découvriront un nouveau visage de leur ville.

Friedrich Brakemeier, maire

Detmold entstand auf historischem Boden. Denn irgendwo hier muss jene unwirtliche Gegend gelegen sein, in welcher einst im Jahre 9 Arminius, der germanische Edeling mit dem lateinischen Namen, drei Legionen des römischen Statthalters Varus vernichtete. Damit war der römische Traum von der Besetzung Germaniens bis zur Elbe endgültig ausgeträumt...

Der Name „Detmold" stammt sprachlich von „Theotmalli" („Thiatmelli", „Tietmelle"), einer Zusammensetzung von „Thiud" (= Volk) und „Mahal" (= Gerichtsstätte). Theotmalli meinte also nicht eine Ortschaft, sondern eine Volksgerichtsstätte, an welcher die Gauversammlungen stattfanden und Recht gesprochen wurde.

Einige Forscher bringen den Namen Theotmalli auch in Verbindung mit den Ereignissen des Jahres 783, als

Detmold was founded on historic soil: somewhere in the area Arminius - the Germanic chieftain with a Roman name - was supposed to have routed three of Quintilius Varus's legions, thus terminating abruptly and finally all Roman dreams of extending their sovereignty as far as the river Elbe in the year 9 AD...

The name "Detmold" itself may have derived from Germanic "Theotmalli" (or "Thiatmelli/Tietmelle"), a combination of "Thiud" (=people) and "Mahal" (= place of justice). Thus "Theotmalli" is not the name of a hamlet or town but of a rural court of justice.

Some historians see this name in connection with events of the year 783 AD, when the Frankish King Charles (Charlemagne) defeated the

Detmold est né sur un terrain historique. En effet, quelque part ici doit se trouver cette région peu accueillante dans laquelle en l'an 9, Arminius, ce noble au nom romain a vaincu trois légions du gouverneur romain Varus. Ainsi le rêve romain d'occuper la Germanie jusqu'à l'Elbe prenait fin ...

Le nom de Detmold vient du nom „Theotmalli" („Thiatmelli", „Tietmelle"), composé de „Thiud" (le peuple) et „Mahal"(le lieu de juridiction). Le terme Theotmali ne définit pas seulement un lieu mais aussi un tribunal du peuple, où les assemblées régionales se réunissaient et où justice était rendue.

Certains chercheurs mettent le nom de Theotmalli en relation avec les événements de l'an 783, lorsque le roi des Francs, Charlemagne, lors d'un combat sanglant, vainquit les Saxes sous leur duc Widukind.

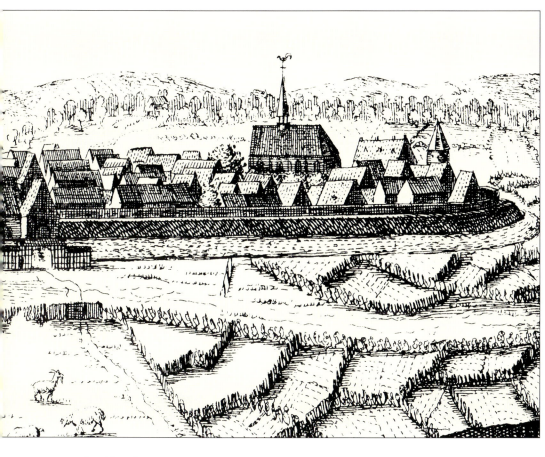

Elias van Lennep, Detmold 1647

Elias von Lennep's sketch of Detmold 1647

Elias van Lennep, Detmold 1647

der Frankenkönig Karl der Große in einer blutigen Schlacht die Sachsen unter ihrem Herzog Widukind besiegte. Nach diesem Kampf, als dessen Ort man den nahen Königsberg vermutet, beginnt die Christianisierung der Germanen bis an Elbe und Nordsee. Noch im 8. Jahrhundert wird auf oder bei dem Dingplatz, dem Ort für Versammlungen, eine Kirche gegründet, vermutlich eine Vorgängerin der Erlöserkirche am Marktplatz. Zu dieser Urkirche gehören 5 oder 6 bäuerliche Hintersassen, unselbständige Kleinbauern also, die der Grundherrschaft des Paderborner Bischofs unterstehen.

Kurz vor 1265 muss das heutige Detmold dann als letzte der Stadtgründungen Bernhards III. Edler Herr zur Lippe gegründet worden sein. Die älteste noch erhaltene Urkunde, die der Rat der Stadt Det-

Saxons, lead by their famous chieftain Widukind, in a bloody battle. Thereupon, reputedly close to the nearby "Königsberg", the christianisation of the Germanic tribes as far as the river Elbe and the North Sea began. Already at the end of the 8th century a small church was founded on (or close to) the "Dingplatz" (meeting place), the predecessor of today's "Erlöserkirche" (Church of the Redeemer) at the market square. 5 or 6 tenants belonged to this church, subjects of the bishop of Paderborn.

About 1265 Bernhard III, Lord of Lippe, founded the town of Detmold, the last of his foundations in the area. The oldest surviving document, written and sealed by the town council, dates back to 1305. Detmold was endowed with only 971 hectares of land probably because the Lords of Lippe did not

Après ce combat, dont le lieu semble être le proche „Königsberg", commence la christianisation des Germains jusqu'à l'Elbe et la mer du Nord. Au VIIIième siècle, on a construit une église sur ou près de la place „Dingplatz", lieu pour les assemblées, cette église a peut-être précédé l'église actuelle de la place du marché, la „Erlöserkirche". 5 ou 6 fermes appartenaient à l'église d'origine, des petits paysans dépendants de la seigneurie de l'évêque de Paderborn.

La ville de Detmold d'aujourd'hui fut la dernière ville fondée peu avant 1265 par le prince Bernhard III. Le document le plus ancien qui existe encore et qui a été délivré et signé par le conseil de la ville date de 1305. Le territoire de Detmold, 971 ha, est petit par rapport aux autres villes et cela vient du fait que les nobles n'obtenaient qu'avec

melle ausgestellt und besiegelt hat, stammt aus dem Jahre 1305. Detmolds Gemarkung fällt kümmerlicher aus als die der übrigen Stadtgründungen, etwa 971 ha, wohl deshalb, weil die Edelherren den benötigten Grund nur unter erschwerten Bedingungen vom Paderborner Bischof erhalten konnten.

Die Stadtverfassung Detmolds zeigt das für die lippischen Städte übliche Bild: Ein Bürgermeister, zwei Kämmerer, fünf Ratsherren, der landesherrliche Stadtrichter. Die Stadt lag an keiner wichtigen Handelsstraße, so blieb das kaufmännische Element hier unterentwickelt. Noch am Ende des 17. Jahrhunderts beherrschten Handwerker das Wirtschaftsleben Detmolds (56%), ihnen folgten die Ackerbürger (30%).
Im Schatten der Burg, die im 14. Jahrhundert von einem landesherrlichen Vogt verwaltet wurde, konnte sich die Stadt nur langsam entwickeln; 200 Jahre nach ihrer Gründung hatte sie erst etwa 350 Einwohner. Die herrschaftliche Hofhaltung und der Lebensaufwand der im Ostteil der Stadt sich ansiedelnden Burgmannen-Geschlechter kamen in der Folge den Bürgern zwar zugute, hielten aber eine selbständige Entfaltung städtischen Lebens in Grenzen. Lange Jahrhunderte war Detmold die kleinste der lippischen Städte. Erst nach dem Dreißigjährigen Kriege überflügelte es die anderen, Lemgo sogar erst im 19. Jahrhundert. Detmold verdankt seinen Aufstieg in erster Linie dem Ausbau seiner Burg zur stärksten Festung des Landes und in späteren Jahren der Verlegung der ständigen Residenz der lippischen Herrscher hierher. 1447 in der „Soester Fehde", einer kriegerischen Auseinandersetzung mit dem Kölner Erzbischof, wird auch Detmold stark betroffen.

succeed in obtaining more from the bishop of Paderborn.
The constitution of the town council shows a pattern typical of this area: a mayor (burgomaster), two chamberlains, five members of the council and the ducal justice of the peace.
As Detmold was not linked to the main medieval roads or waterways merchants did not play an important role here. At the end of the 17th century 56% of the inhabitants were artisans and craftsmen, 30% were farmers. Dominated by the ducal castle, which was administered by a steward, the development of the town was slow: 200 years after its foundation there were only 350 inhabitants. The wealth and courtly splendour displayed by some knightly families [von dem Busche, von Schwartz, von der Borch, von Exterde] in the eastern quarters of the small town helped to raise the standard of living of its citizens to some extend but also restricted the development of an independent municipal life. For several centuries Detmold was the smallest of the towns of Lippe. It was only after the Thirty-Years'-War that it started to grow more quickly than the other towns, but neighbouring Lemgo remained the biggest one well into the 19th century. Detmold's rise was due to the fortification of the castle, which became the most important fortress of Lippe and the permanent residence of the Counts of Lippe in later years.

In 1447, during the feudal wars of the "Soester Fehde", which drew Lippe into a fight with the mighty Archbishop of Cologne, Detmold was severely damaged. Bohemian mercenaries occupied the town, destroyed the castle (rebuilt in 1460 as a moated castle), plundered and burnt the town and harassed its inhabitants. In 1547 a great fire de-

difficulté le terrain nécessaire que leur accordait l'évêque de Paderborn.
La constitution de la ville correspond à celle des autres villes de Lippe: 1 maire, 2 adjoints, 5 conseillers et un magistrat. La ville ne se trouve pas sur une voie commerciale, c'est pouquoi l'élément commercial est resté sous-développé. Encore à la fin du XVIIième siècle les artisans (56%) suivis des cultivateurs (30%) dominaient la vie économique de Detmold.

A l'ombre du château qui était géré par un intendant au XIVième siècle, la ville n'a pu se développer que lentement; 200 ans après sa fondation elle ne comptait que 350 habitants. La cour des souverains et le niveau de vie des familles installées dans la ville comme les Burgmannen, von dem Busche, von Schwartz, von der Borch, von Exterde profitèrent aux citoyens, mais limitèrent le développement propre de la ville. Pendant des siècles, la ville de Detmold est restée la plus petite de Lippe. Ce n'est qu'après la guerre de 30 ans qu'elle dépassa les autres, et ce n'est qu'au XIXième siècle qu'elle surpassa Lemgo. Detmold doit son expansion tout d'abord à l'achèvement de son château qui devient la forteresse la plus puissante, puis plus tard au fait que le souverain en fit sa résidence. En 1447 dans le „Soester Fehde", Detmold a été en partie détruit lors d'un combat avec l'archevêque de Cologne auquel les Lipper ont participé: en effet des soldats de Bohème envahirent la ville, la dépouillèrent, y mirent le feu et tourmentèrent les habitants sans défense. Le château fut même détruit. En 1460, on commença à reconstruire ce dernier et il devint un château entouré d'eau.
En 1547 un incendie détruisit 70 habitations de la ville et endomma-

Residenzschloss — *Detmold castle* — *le château*

◁◁ *Stadtwappen*
  Detmold's coat of arms
  les armes de la ville

◁ *Landeswappen*
  coat of arms of the principality of Lippe
  les armes de la principauté

Ehemaliger Landtag mit ▷ *Justizgebäude*
  former state parliament and judicial courts
  l'ancien parlement avec le palais de justice

Böhmische Söldner erobern die Stadt, plündern und brandschatzen sie und drangsalieren die wehrlose Einwohnerschaft. Zerstört wird auch die Burg. 1460 beginnt man mit dem Wiederaufbau des Schlosses und baut es zu einer Wasserburg um. 1547 zerstört ein Brand siebzig Wohnhäuser der Stadt, beschädigt auch Rathaus und Erlöserkirche. 1626, mitten im Dreißigjährigen Krieg, fordert die Pest in Detmold so viele Todesopfer, dass der bisher genutzte Friedhof rings um die Erlöserkirche durch einen neuen Gottesacker vor dem Lemgoer Tor ersetzt werden muß.
1781 beginnt ein Lehrerseminar seine Tätigkeit. Später wird mit Sitz in Detmold eine „Allgemeine Leihekasse" (1786) eingerichtet, und 1802 gründet die Fürstin Pauline in Detmold eine „Kleinkinder-Bewahranstalt", den ersten Kindergarten der Welt. Als 1789 Leopold I. den

stroyed more than 70 houses and damaged the town hall and the market church. During the Thirty-Years'-War, in 1626, Detmold was struck by the Black Death and many people died, so that the municipal graveyard close to the market church had to be replaced by a new burial site off Lemgoer Tor.

In 1781 a training college for teachers was founded. A savings bank followed in 1786 (one of the first in Germany; "Allgemeine Leihkasse") and as early as 1802 Princess Pauline founded a "Kleinkinder Bewahranstalt", probably the world's first kindergarten! When Leopold I. was proclaimed "Prince" of Lippe, Detmold eventually became a "Princely Residence".
The railway arrived very late in Lippe and Detmold: the Herford-Detmold line and Detmold railway station were opened as late as De-

gea l'Hôtel de Ville et l'église „Erlöserkirche". En 1626, pendant la guerre de trente ans, une épidémie de peste provoqua la mort de tant de citoyens que le cimetière se trouvant autour de l'église „Erlöserkirche" a dû être remplacé par un autre près de la porte de Lemgo „Lemgoer Tor".
En 1781 une formation d'enseignants commença ses activités. Plus tard, en 1786, une maison de prêt „Allgemeine Leihekasse" s'installa à Detmold et en 1802 la princesse Pauline créa une garderie pour enfants, le premier jardin d'enfants du monde. Lorsque Leopold I obtint le titre de prince en 1789, la ville de Detmold devint une résidence princière.

Ce n'est que plus tard que Lippe et ainsi Detmold furent reliés au réseau des chemins de fer: en 1880, la ligne Herford-Detmold fut terminée et la gare de Detmold fut construite.

Fürstentitel erwirbt, steigt Detmold zur „Fürstlichen Residenzstadt" auf.

Erst spät fand Lippe und damit auch Detmold den Anschluss an das Eisenbahnnetz: Erst am 31. Dezember 1880 wird die Strecke Herford-Detmold fertig gestellt, der Detmolder Bahnhof eröffnet, erst 1895 der Weiterbau der Strecke bis Altenbeken vollendet.

Zehn Jahre lang beschäftigt der „Thronfolge-Streit" zwischen den Familienzweigen der Bückeburger und der Biesterfelder nicht nur die Lipper, sondern auch Kaiser und Reich. 1905 schließlich, nachdem die Biesterfelder Linie über die Bückeburger Linie obsiegt hatte, zieht Fürst Leopold IV. feierlich in seine Residenzstadt ein.

Ein „Volks- und Soldatenrat", anderenortes „Arbeiter- und Soldatenrat" genannt, veranlasst 1918 den Fürsten zu Rücktritt und Thronver-

cember 3rd, 1880, the continuation to Altenbeken was finished in 1895. For more than ten years Lippe, and even Kaiser and Reich, were occupied with the "Thronfolgestreit", a struggle about the succession to the throne between the Bückeburg and the Biesterfeld branches of the House of Lippe. When in 1905 the quarrel was settled in favour of the Biesterfeld branch, Leopold IV.'s accession to the throne was celebrated.

At the end of World War I a council of revolutionary soldiers and people ("Volks- und Soldatenrat") forced the Prince to abdicate in 1918. Detmold became the capital of Lippe Free-State (1932 Detmold also saw the founding of the district of Lippe and its new authorities).

World War II did not inflict heavy damages on Detmold. The town suffered a first air-raid in 1944, as late as Easter 1945 there was some

et en 1895 la ligne jusqu'à Altenbeken fut terminée.

Pendant dix ans, la dispute pour la succession du trône entre les familles Bückeburg et Biesterfeld ne préoccupa non seulement les Lipper mais aussi l'empereur et l'empire. En 1905 enfin, lorsque la famille Biesterfeld triompha, le prince fit son entrée dans la résidence de façon solennelle.

„Un conseil populaire et militaire" appelé ailleurs „conseil des travailleurs et des soldats", poussa en 1918 le prince à démissionner et à renoncer au trône. Detmold devint alors la capitale de l'Etat libre de Lippe qui venait d'être constitué. En 1932, le canton de Detmold fut créé et Detmold en devint le chef-lieu.

Pendant la deuxième guerre mondiale, la ville est en grande partie épargnée. Ce n'est que fin 1944 qu'elle est bombardée et en 1945, à

Alte und neue Architektur
old and modern architecture
architecture ancienne et moderne

zicht, Detmold wird zur Landeshauptstadt des nun gebildeten Freistaates Lippe. 1932 wird der Kreis Detmold geschaffen, Detmold wird Kreissitz. Im Zweiten Weltkrieg wird die Stadt weitgehend geschont. Erstmalig zum Jahresende 1944 erlebt sie einen Bombenangriff, und zu Ostern 1945 kommt es in ihrem Süden zu Kämpfen mit den heranrückenden amerikanischen Soldaten. Die Stadt selbst wird schließlich kampflos besetzt, die angedrohte Sprengung von Fliegerhorst und Postamt findet nicht statt. Nach wenigen Tagen werden die Amerikaner durch britische Besatzungstruppen abgelöst. Die britische Besatzungsmacht stellt das Land Lippe wieder her mit eigenem Landtag und eigenem Landespräsidenten und Detmold als Landeshauptstadt.

Aber schon 1947 wird Lippe dem neu gebildeten Land Nordrhein-Westfalen angegliedert, Detmold wird Sitz des ostwestfälisch-lippischen Regierungspräsidenten.

Die Stadt, die immer noch unter ihrer Raumenge leidet, erwirbt 1967 das ehemalige Rittergut Braunenbruch und erreicht durch Verträge mit den Nachbargemeinden, dass diese immerhin 95 ha umgemeindet, dem Stadtgebiet Detmolds also zugeschlagen werden.

1970 dann ordnet das Land die gemeindliche Gliederung des Kreises Lippe neu: Der Stadt Detmold werden insgesamt 25 bis dahin selbständige Gemeinden zugeschlagen, das Stadtgebiet erreicht damit eine Größe von 129,42 qkm.

1994 schließlich verlassen die letzten deutschen und britischen Soldaten den Standort Detmold, das damit aufhört, Garnison zu sein. Das bekannte Lied ist nunmehr gegenstandslos geworden, soweit es den e i n e n Soldaten betrifft.

Der von den Briten geräumte Flie-

fighting with approaching US-troops south of the town. American soldiers entered the town without a shot being fired. German troops did not even blow up the post office or the airfield as they had announced. After a few days the Americans were replaced by British troops. British authorities revived the State of Lippe, with Detmold as its capital, a state parliament and a president.

But already in 1947 Lippe was attached to the newly formed state "North Rhine-Westphalia", leaving only the district administration to Detmold.

The town, still in need of more space, bought Braunenbruch manor with 95 hectares and thus expanded considerably.

In 1970 the district itself was reorganised. 25 previously independent villages and communities were united with Detmold, which now grew to 129,42 square kilometres.

In 1994 the last British and German soldiers left their Detmold garrisons. The former British helicopter base - with 90 hectares bigger than Detmold´s historical centre - is now being developed into a new municipal district ("Hohenloh") with the necessary infrastructure: former barracks, helicopter sheds and messes are turned into schools and housing estates or will be used as shops, warehouses and workshops. One of the huge hangars is being reconstructed as the new "Art Kite Museum" (showing a collecting of kites produced by world-famous artists).

Even today the old market place remains the very centre of Detmold. The offices of the municipal authorities have mainly moved to various buildings at the outskirts, but the mayor still resides in the historical town hall, built in 1830 to replace its medieval predecessor. Three ti-

Pâques ont lieu des combats avec des soldats américains. Finalement la ville est occupée sans combat, la menace de bombarder le bâtiment „Fliegerhorst" et la poste ne se concrétise pas. Quelques jours plus tard, les troupes d'occupation anglaises remplacent les Américains. La puissance anglaise occupante redonne à Lippe son propre Parlement, son président et Detmold redevient capitale.

Mais déjà en 1947, Lippe est rattaché au pays fédéral de Westfalie qui venait d'être constitué et Detmold devient le siège de l'Administration du district.

La ville, qui continue à souffrir de son manque de terrain, acquiert en 1967 l'ancien domaine de „Braunenbruch" et obtient par contrats avec les communes voisines que ces 95 ha soient ajoutés au territoire de Detmold.

En 1970, le pays fédéral décide une nouvelle réorganisation des communes dans le district de Lippe et ainsi 25 communes, jusqu'ici indépendantes, rejoignent Detmold; la surface de la ville atteint de ce fait 129,42 km².

Enfin en 1994, les derniers soldats allemands et britanniques quittent Detmold et ainsi la ville cesse d'être une garnison. Avec ses 90 ha, une superficie plus importante que le centre de Detmold, la garnison „Fliegerhorst" rendue libre par les Britanniques devient un nouveau quartier de la ville, „Hohenloh", pourvu de l'infrastructure nécessaire: plusieurs écoles s'installent dans les bâtiments de l'ancienne caserne, des appartements sont construits, les anciens hangars se tranforment en un musée de cerfs-volants, le dépôt du musée en plein air y trouve une place comme plusieurs exploitations industrielles. De même, les anciens logements des Britanniques se trouvant au nord du „Fliegerhorst" sont de nouveau habités.

gerhorst, mit 90 ha größer als Detmolds Innenstadt, wird zu einem neuen Stadtteil „Hohenloh" entwickelt und mit der notwendigen Infrastruktur versehen: In die ehemaligen Kasernen ziehen mehrere Schulen ein. Wohnungen werden hergerichtet, in den früheren Hangars entsteht ein Drachenmuseum, das Magazin des Freilichtmuseums findet dort einen Platz genau wie mehrere Gewerbebetriebe. Langsam füllt sich auch die frühere Wohnsiedlung der Briten nördlich des Fliegerhorstes.

Auch heute noch ist der Marktplatz der Mittelpunkt der Stadt. Zwar stehen die meisten Schreibtische der Stadtverwaltung heute in anderen Gebäuden der Stadt, aber im historischen Rathaus am Marktplatz, das 1830 anstelle eines spätgotischen Vorgängerbaues errichtet wurde, residiert auch heute noch Detmolds Bürgermeister. Wöchentlich dreimal findet in Detmolds Mitte ein Wochenmarkt statt, und von nah und fern strömen dann Händler, Landwirte, Hausfrauen, Käufer, Verkäufer und „Seh-Leute" hierher, und bis in die frühen Mittagsstunden erfüllt dieses bunte Treiben Detmolds Stadtmitte. Die Werke zweier Bildhauer finden wir hier: Einmal auf dem Donopbrunnen in der Platzmitte die Quellnymphe des aus Lemgo stammenden Rudolf Hölbe und außerdem vor dem Schiff der Erlöserkirche den „Thron" des 1973 in Detmold verstorbenen Karl Ehlers.

Erhaben über das weltliche Treiben zu ihren Füßen überragt die Erlöserkirche den Detmolder Marktplatz. Ursprünglich dem Heiligen St. Vitus geweiht, steht sie vielleicht an dem Ort, an welchem schon um 800 die Urpfarrkirche des Thiatmalli-Gaues errichtet worden war. Wahrscheinlich schon gegen 900 entstand die Urzelle der heute noch

mes a week a market is held and from everywhere of the district merchants, farmers, customers and visitors arrive, filling the old market place with their busy trading until noon. Two works of art can be seen here: "Donopbrunnen", the fountain in the centre of the market square with the sculpture of a nymph by Rudolph Hölbe fom Lemgo, and the "Throne" by the late Karl Ehlers in front of the church.
"Erlöserkirche" (Church of the Redeemer) overlooks the busy market square below. Originally consecrated in the name of St. Vitus, this church may well occupy the place of the first small parish church of 800 AD. About 900 AD the first parts of the existing church with three naves were built, the choir having been reconstructed about 1300. The rectangular steeple bears the date 1579, the Renaissance spire was added in 1592. North of the market square the visitor finds the castle area. We enter it by the gateway of the former "Dikasteria", the seat of the administration of the principality of Lippe, built in 1665. The palace-yards, not open to the public till 1918, today forms a peaceful oasis in the centre of a busy town of 70.000 inhabitants shielded by the buildings surrounding it. Close to the alley to "Rosental"-street the bell from Holy Cross Church in Sagan (Detmold's twin town), which escaped destruction in WW II, has found its place on a small platform. The former ducal riding school today houses "Stadthalle" (a municipal building for events and entertainment), the gable above its portal bears the initials of Countess Pauline and her husband.

Detmold castle, the largest and most impressive building of the town and a masterpiece of the "Weser Renaissance" period, is the result of a long and complicated

Encore aujourd'hui, la place du marché constitue le centre de la ville. Il est vrai que les bureaux de l'admistration se trouvent aujourd'hui dans d'autres quartiers, mais le maire réside encore dans le bâtiment historique de l'Hôtel de Ville qui a été construit en 1830 à la place d'un édifice de style gothique flamboyant. Trois fois par semaine a lieu sur cette place un marché et affluent, de près et de loin, commerçants, agriculteurs, femmes au foyer, vendeurs et curieux; ce mouvement aux couleurs multiples anime le centre de la ville. On trouve sur cette place deux oeuvres de sculpteurs: tout d'abord, sur la fontaine „Donopbrunnen" qui se trouve au milieu, la nymphe de Rudolf Hölbe (Lemgo) et ensuite devant la nef de l'église „Erlöserkirche" le „trône" de Karl Ehlers décédé en 1973.
Majestueuse au-dessus de cette agitation profane, l'église „Erlöserkirche" surplombe la place du marché. A l'origine consacrée à Saint Vitus, elle se trouve vraisemblablement à l'endroit où l'église paroissiale de la province Thiatmalli a été construite en l'an 800. La partie initiale de l'église à trois nefs existant encore aujourd'hui date probablement de l'an 900, son choeur a été rénové vers 1300. La tour carrée se trouvant sur la façade sud porte la date 1579, elle n'obtint son comble pyramidal de style renaissance qu'en 1592.
Le parc du château, place historique, s'étire au nord de la place du marché. On peut y pénétrer par le portail construit en 1665, il faisait partie d'un bâtiment dans lequel étaient abritées les hautes personnalités de Detmold „les Dicasteria". Le parc était interdit au public jusqu'en 1918, il offre aujourd'hui une „oasis de paix" au milieu de cette ville bruyante de 70.000 habitants et est protégé par ses bâti-

Rund um die Erlöserkirche — *around "Erlöserkirche"* — *l'église „Erlöserkirche" et son environnement*

◁ *Donopbrunnen vor der Erlöserkirche*

Donop fountain and "Erlöserkirche"

la fontaine de Donop devant l'église „Erlöserkirche"

Wochenmarkt vor dem ▷
Rathaus

weekly market in front of the town-hall

le marché devant la mairie

◁ *Grafregent Ernst*
Prince Regent Ernst
le comte régent Ernst

Seitenportal der Reithalle/ ▷
Wappen
side portal of the former riding school with coat of arms
portail latéral de l'écurie/armes

vorhandenen dreischiffigen Hallenkirche, deren Chor um 1300 erneuert worden war. Der quadratische Turm an ihrer Südseite trägt die Jahreszahl 1579, seinen Renaissance-Helm erhielt der Turm erst 1592. Unmittelbar nördlich des Marktplatzes erstreckt sich der historische *Schlossplatz*. Ihn betreten wir durch den Torbogen des 1665 errichteten Dikasterialgebäudes, in welchem einst die obersten Landesbehörden Lippes, die „Dicasteria", untergebracht waren. Der Schlossplatz, bis 1918 für die Öffentlichkeit unzugänglich, bietet sich heute dar als eine „Oase der Ruhe" inmitten des lärmenden Alltags einer 70.000-Einwohner-Stadt, von diesem durch seine Randgebäude abgeschirmt. Neben dem Durchgang zum Rosental befindet sich auf schmalem Sockel die *Glocke aus der Kreuzkirche zu Sagan* (der Patenstadt Detmolds), die der Zufall

history, reflecting important aspects of Detmold´s development. The late-Gothic wing to the right of the en-trance fascinates the visitor by its noble distinction, the one to the left exemplifies the Renaissance delight in decorative accessories. The castle tower, a mighty six storey building and a remainder of the old castle keep, was built around 1250, the Renaissance spire was added much later.

The place where we find the castle today was previously occupied by a domain of the bishop of Paderborn, surrounded by a ditch. Nobody knows exactly when it was turned into a moated castle. This castle was first mentioned in 1366, but it was destroyed, probably during the feudal wars of "Soester Fehde", as Bernhard VII ordered its reconstruction in 1477. Bernhard, as well as his ancestors and descendants used this castle only for relatively

ments qui l'entourent. A côté du passage allant à la rue „Rosental", on découvre sur un socle étroit la cloche de l'église „Kreuzkirche zu Sagan" (la ville parraine de Detmold), cette dernière n'a pas été, comme d'autres, fondue pour les besoins de la guerre. Dans les anciennes écuries princières se trouvent aujourd'hui les salles de fête de la ville. On trouve sur son pignon sud, au-dessus du portail, les initiales de la princesse Pauline et de son mari. Mais la façade imposante du château princier domine le parc.

Le château de Detmold, le bâtiment le plus grand de la ville et en même temps un bijou du style Weser-Renaissance, offre aux visiteurs le résultat d'une construction à caractère différent et reflète en même temps les principales périodes de l'histoire de la ville. L'aile, à droite de l'entrée, de style gothique flam-

vor dem Kriegsschicksal vieler Glocken, dem Eingeschmolzenwerden, bewahrt hat. In dem ehemaligen fürstlichen „*Reithaus*" befindet sich heute die Detmolder Stadthalle, ihr Portal an der Südseite zum Schlossplatz hin trägt im *Giebelfeld* die Initialen der Fürstin Pauline und ihres Gatten. Beherrscht aber wird der Schlossplatz von der stattlichen Front des ehedem fürstlichen Residenzschlosses.

Detmolds Schloss, größtes und bedeutendstes Gebäude der Stadt und zugleich ein Schmuckstück der Weser-Renaissance, bietet sich dem Betrachter dar als Ergebnis einer langen und wechselhaften Baugeschichte und zugleich als Verkörperung wichtiger Abschnitte der Detmolder Stadtgeschichte. Der spätgotische Flügel rechts vom Eingang besticht durch seine zurückhaltende Vornehmheit, der Flügel

short periods of time. Simon V eventually made the castle his permanent residence in 1511 and acquired the title "Count of Lippe".

From the inner yard a four wing structure can be discovered with a staircase tower at each corner. The north wing features the beautiful "Steingang", a vaulted arcade built by an unknown artist in 1557. Beneath each of the ten windows of the arcade a relief can be seen. Each of the portals of the inner yard shows a different decoration. The most lavishly decorated one is the "kitchen portal", which forms the eastern access to the interior of the castle.
The largest room in the north-western wing of the castle with countless pieces of art is the so-called "-Ahnensaal" (hall of ancestors), built and decorated according to the taste of his time by Jörg Unkair

boyant est remarquable par son élégance discrète: l'aile, à gauche de l'entrée, dévoile le plaisir qu'a le style renaissance dans ses ornements. Le château lui-même avec ses 6 étages est un bâtiment majestueux; à l'origine un donjon, il a été construit vers 1250 et obtint son comble pyramidal de style renaissance plus tard.
Il y avait autrefois une ferme à l'endroit où se trouve aujourd'hui le château, cette dernière appartenait à l'évêque de Paderborn. On ne connaît pas la date à laquelle cette ferme fut transformée en château entouré d'eau. Ce château est mentionné pour la première fois en 1366. Il fut très certainement détruit en 1447, car Bernhard VII commença alors sa rénovation. Il y habita que partiellement, comme l'a fait la majorité de ses descendants. Simon V en fit sa résidence principale à partir de 1511. C'est

Residenzschloss
Detmold castle
le château

links des Einganges offenbart die Lust der Renaissance am schmückenden Beiwerk. Der *Schlossturm* schließlich, ein mächtiger Rundbau mit sechs Geschossen, Rest des ehemaligen Bergfrieds, ist wohl um 1250 erbaut worden und erhielt seinen Helm später im Stil der Renaissance.

Dort, wo heute Detmolds Schloss sich befindet, befand sich wohl einst ein Haupthof, der dem Paderborner Bischof zu eigen war und den eine Gräfte umgab. Wann dieser Hof in eine Wasserburg umgebaut worden ist, ist nicht bekannt. Erwähnt wird diese Burg erstmals im Jahre 1366. Während der Soester Fehde wurde die Burg wohl 1447 zerstört, denn Bernhard VII. ließ mit ihrem Wiederaufbau beginnen. Er und die meisten seiner Nachfahren bewohnten das Detmolder Schloss nur vorübergehend. Erst Simon V. machte es 1511 zu

in 1882. The stalls and the panelling with the portraits of the ancestors of the House of Lippe were built then as well as the musicians'-gallery and the marble fireplace imitating "Goldenes Dachl" (Golden Roof) of Innsbruck, Austria.

Leaving the castle-yard northwards by the "Rotes Tor" (red gateway) the visitor faces the impressive building of the "Landestheater" with its stately entrance of six columns supporting a huge triangular gable. Re-erected after a disastrous fire in 1912, the building today houses "Landestheater Detmold", the largest touring theatre company in Europe run by an association of the communities of Lippe. It produces more than 600 performances attracting 210.000 visitors every year, half of this number in theatres elsewhere.

West of the castle moat the buildings

lui qui obtint en 1528 le titre de comte.

Quand on jette un coup d'oeil dans la cour intérieure, on découvre les quatre ailes reliées à chaque angle par un escalier en forme de tour. Au nord, on remarque tout de suite „le passage en pierre" magnifiquement décoré datant de 1557; c'est l'oeuvre d'un maître inconnu. Sous cette arcade, on trouve un relief artistique sous les 10 fenêtres. De plus, chaque portail à l'intérieur de la cour est décoré de façon différente, le plus remarquable étant celui menant à la cuisine, il se trouve sur le côté est.

La plus grande pièce à l'intérieur du château qui contient de nombreuses oeuvres artistiques est la salle des ancêtres „Ahnensaal". Elle fut rénovée par le maître d'oeuvre Jörg Unkair au goût de l'époque de 1882. Les stalles et les boiseries avec des portraits d'ancêtres ont été

Blick in den Innenhof
the inner courtyard
la cour intérieure

seiner ständigen Residenz. Er war es auch, der 1528 den Grafentitel erwarb.
Der Blick in den Innenhof zeigt die vierflügelige Anlage mit je einem Treppenturm in den Ecken. Beim Blick nach Norden fällt sofort der prächtig geschmückte „Steingang" auf, das Werk eines unbekannten Meisters I. R. aus dem Jahre 1557. Unter jedem der zehn Fenster dieser Bogengalerie befindet sich ein künstlerisch gestaltetes Relief. Zudem ist jedes der Portale im Innenhof anders gestaltet, am reichsten geschmückt zeigt sich dabei das Küchenportal, das von der östlichen Längsseite aus ins Innere des Schlosses führt.
Der größte Raum in dem mit zahllosen Kunstwerken ausgestatteten Schloss ist der sogenannte „Ahnensaal", vom Baumeister Jörg Unkair im NW-Flügel neu geschaffen. Er wurde 1882 im Geschmack der damaligen Zeit neu ausgestaltet. Das

of "Lippisches Landesmuseum" can be seen. A collection of half-timbered houses, ridiculed as "barn quarter" by some over-critical citizens, it is meanwhile acknowledged as an important element of the townscape. In front of the museum a collection of erratic blocks, remainders of different pre-historic ages, welcomes the visitors.
Originally founded by devoted citizens "Lippisches Landesmuseum" today is the largest regional museum of its kind in this part of Germany. With its various departments (natural history, ethnology, regional and cultural history) it is also an important educational institution, attracting many visitors and more and more students every year. The exhibition rooms were considerably enlarged between 1995 and 1997 and a completely new basement area was added.
At the entrance the visitor is wel-

de même rénovées ainsi que l'estrade pour les musiciens et la cheminée en marbre.
Quand on quitte le parc du château au nord, par ce qu'on appelle „Rotes Tor", „le portail rouge", on se trouve devant le bâtiment majestueux du théâtre avec ses 6 colonnes qui supportent le pignon triangulaire. Reconstruit après un incendie en 1912, ce bâtiment abrite le théâtre ayant la plus grande troupe théâtrale ambulante d'Europe. Une société enregistrée, dont les membres sont toutes les communes de Lippe, exploite le théâtre, qui offre pendant sa saison plus de 600 représentations devant environ 210 000 spectateurs (plus de la moitié venant en dehors de Detmold).
A l'ouest du château, le regard du visiteur tombe sur le musée, un ensemble de bâtiments à colombage qui, lors de leur reconstruction, ont été qualifiés par certains critiques

Innenansichten aus dem Schloss
inside the castle
l'intérieur du château

Sitzgruppe
drawing room
groupe de sièges

Ahnensaal
hall of ancestors
la salle des ancêtres

Roter Salon
red drawing room
le salon rouge

Gestühl und die Holzverkleidung der Wände mit den Ahnenbildern wurden ebenso neu geschaffen wie die Musikempore und der Marmorkamin mit der Nachbildung des Innsbrucker „Goldenen Dachls". Verlässt man den Schlossplatz durch das sogenannte „Rote Tor" nach Norden, steht man vor dem wuchtigen Gebäude des Landestheaters mit seinen sechs Säulen, die den Dreiecksgiebel tragen. Wieder erbaut nach einem verheerenden Brand im Jahre 1912 beherbergt das Gebäude heute das „Landestheater Detmold", Europas größte Reisebühne. Ein eingetragener Verein, dessen Mitglieder alle lippischen (und einige außerlippische) Gemeinden sind, betreibt das Theater, das in einer Spielzeit mehr als 600 Aufführungen mit mehr als 210.000 Besuchern bestreitet, mehr als die Hälfte davon außerhalb Detmolds.

comed by the fairy tale character "King of Frogs" by Hans Jähne, a sculpturer from Detmold. It was donated to the museum by the society of friends of the "Landesmuseum". In the gardens a steel object by Wilfried Hagebölling from Paderborn can be seen, placed here during the open-air exhibition "Sculptures in the Town" in the 1980's.

The highest point of "Bruchstraße" marks the place of "Bruchpforte", a small unfortified gate which was demolished in the 19th century. Every morning the municipal herdsman drove the cattle right through this gate into the adjacent marshy pastures, from where they returned in the evenings. Today we see (looking westward, just beyond "Paulinenstraße") the late-Classical buildings of "Landgericht" (Regional Courts), meanwhile a part of a whole complex of law-courts at

de granges, mais depuis, ils sont reconnus comme étant une partie importante contribuant à la physionomie de la ville. La visite commence par des blocs erratiques devant le musée dont les indications sur les différentes ères géologiques préparent le visiteur à ce qu'il va découvrir.
Créé grâce à la bienveillance de citoyens engagés, le musée est le plus important dans son genre dans la région. Cet établissement culturel est renommé grâce à ses collections de sciences de la nature, de folklore et d'histoire culturelle et aussi grâce au travail des pédagogues du musée qui s'occupent essentiellement d'élèves et de classes scolaires. En 1995-1997, sa surface d'exposition a été agrandie de façon importante. A l'entrée, le roi-grenouille salue les visiteurs, c'est une oeuvre du sculpteur Hans Jähne qui a été offert au musée par la société des musées de

Stadthalle mit Landestheater
former princely riding-school and
state theatre
la salle des fêtes et le théâtre

Kirmes vor dem Theater
fair in front of the theatre
kermesse devant le théâtre

Landestheater und fürstliches Wappen

state theatre and princely coat of arms

le théâtre et les armes princières

Fürstenloge
princely private box
la loge princière

Skulptur am Landesmuseum
sculpture at the regional museums
sculpture devant le musée

Altbau des Landesmuseums
regional museums (main building)
le bâtiment ancien du musée

Über den westlichen Arm des Schlossgrabens wandert der Blick des Besuchers hin zu den Gebäuden des Lippischen Landesmuseums, jenem Fachwerkensemble, das beim Aufbau von allzu kritischen Detmoldern als „Scheunenviertel" verspottet worden war, inzwischen aber längst als wichtiger Teil des Stadtbildes anerkannt wird. Der Museumsbesuch wird eingeleitet durch eine Findlingsgruppe, die vor den Museumsbauten auf die verschiedenen Erdzeitalter hinweist und so den Besucher einstimmt auf das was ihn erwartet.

Aus einer Stiftung engagierter Bürger hervorgegangen ist das Lippische Landesmuseum heute das größte seiner Art in der Region. Mit seinen Sammlungen aus Natur- und Völkerkunde, Kultur- und Landesgeschichte stellt es eine Bildungsstätte hohen Ranges dar, in starkem Maße auch um die museumspäda-

"Kaiser-Wilhelm-Platz". Looking back we see "Grabbehaus" and Market Church as well as Martin Luther Church. The Berlebecke, a small brook, runs underneath "Bruchberg" to the north into the small "Werre" river, which used to drive the great wheel of "Mittelmühle" water mills.

Walking down the "Wall"-street some 19th century villas of the "Gründerzeit"-period and the former "Lyceum" (high school for girls) can be seen on the right-hand side. The school has meanwhile left the town centre, but the old building is still used by various municipal offices and services. Right next to it a noble officer built his stately home in 1870, which is still taken care of by his descendants. Crossing a stone bridge we leave "Wall" and "Wallgraben" brook behind. In front of us we find the place where

Lippe. On découvre en plus dans le jardin du musée une sculpture en acier de Wilfried Hagebölling intitulé „sans titre", elle a été exposée au début des années 80 dans le cadre d'une exposition dont le thème était „art plastique dans la ville".

Au point le plus élevé de la rue „Bruchberg" se trouvait jusqu'au XIXième siècle la „Bruchpforte", une porte de la ville non-fortifiée. Le matin, le berger de la commune faisait passer son troupeau par la porte pour l'emmener paître. Le soir, il le faisait rentrer. Aujourd'hui, on aperçoit, à l'ouest du „Bruchberg", le bâtiment néo-classique du tribunal de grande instance faisant partie des bâtiments du palais de justice qui se trouvent de l'autre côté de la rue „Paulinenstraße", sur la place „Kaiser-Wilhelm-Platz". Tournons-nous maintenant et regardons la rue „Bruch-

Erweiterungsbau
regional museums (new extensions)
la partie nouvelle du musée

Froschkönig
"King of Frogs"
le roi-grenouille

Heinrich-Drake-Büste
Heinrich Drake memorial
la sculpture d'Heinrich Drake

Findlinge vor dem Landesmuseum
erratic blocks at the regional museums
les blocs erratiques devant le musée

gogische Arbeit mit Schülern und Schulklassen bemüht. In den Jahren 1995 bis 1997 wurde seine Ausstellungsfläche wesentlich erweitert, wegen der Lage des Museums und seiner Umgebung in einem abgesenkten Geschoss. Am Eingang begrüßt den Besucher der Froschkönig des Detmolder Bildhauers Hans Jähne, ein Geschenk der Lippischen Museumsgesellschaft an das Museum. Im Museumsgarten befindet sich zudem eine Stahlskulptur des Paderborner Wilfried Hagebölling „Ohne Titel", dort aufgestellt Anfang der achtziger Jahre innerhalb einer Freilichtausstellung „Plastik in der Stadt".

Auf dem höchsten Punkt der Bruchstraße stand bis in das 19. Jahrhundert hinein die „*Bruchpforte*", ein unbefestigtes Stadttor. Morgens trieb der städtische Hirte das ihm anvertraute Vieh durch die Pforte in das dahinterliegende Bruch, wo

in 1874 the old town-wall was taken down to make room for "Freiligrathstraße" leading into "Krumme Straße".

An impressive line of well-preserved half-timbered houses on the left hand side invites the visitors to take a closer look at some of the details of the wood-carvings decorating the gables. "Krumme Straße" No 40 was carefully restored after a fire in the 1980's. Wood-carvings were renewed (incorporating modern company signs) and a previously demolished bay-window reconstructed. "Krumme Straße" No 42, built in 1645 and thus only a few years older than its neighbour to the left, was also restored in the 1980's and turned into a restaurant. The house at the corner of "Freiligrathstraße" was built in 1643 and was owned by a town-dwelling farmer. It was restored in 1979 and it shows a very remark-able feature, typical of

straße" direction est, notre regard tombe sur la maison Grabbe et derrière sur les églises „Erlöser- et Martin-Luther-Kirche". Le ruisseau „Berlebecke" coule ici dans le fossé du rempart, passe sous le Bruchberg; autrefois il faisait tourner la roue du moulin du milieu et encore aujourd'hui il se jette dans la Werre.

A droite, le long de la rue „Am Wall", on découvre une série de villas interrompue par le bâtiment imposant de l'école de filles. L'école a quitté depuis longtemps le centre de la ville et on y trouve aujourd'hui différents bureaux administratifs de la ville. Juste à côté se trouve la „Stadtvilla", cette maison a été construite par un officier noble en 1870 et continue à être entretenue avec soin par ses descendants. Nous quittons le „Wallgraben" en passant un pont de pierre et nous nous trouvons devant l'endroit où le mur de la ville a été interrompu en 1874 et

Landgericht
regional courts
le tribunal de grande instance

Treppenhaus im Landgericht
staircase (regional courts' building)
l'escalier du tribunal de grande instance

Grabbehaus und Gedenktafel
"Grabbehaus" and memorial plaque
la maison de Grabbe et la plaque commémorative

Stadtvilla ▷
stately homes
une villa de la ville „Stadtvilla"

Ehemaliges Lyzeum ▷▷
(Schule am Wall)
former high school for girls (Schule am Wall)
l'ancienne école de filles „Schule am Wall"

es tagsüber weiden konnte. Abends kehrte die Herde dann mit ihrem Hirten zurück. Heute blicken wir vom Bruchberg gen Westen, wo jenseits der Paulinenstraße der neoklassizistische *Bau des Landgerichts* steht. Wenden wir uns um und schauen in die Bruchstraße in östlicher Richtung, fällt unser Blick auf das *Grabbehaus* und dahinter auf Erlöser- und Martin-Luther-Kirche. Von Süden her fließt die Berlebecke – hier als Wallgraben – unter dem Bruchberg hindurch, trieb früher das Mühlrad der Mittelmühle an, strebt auch heute noch der Werre zu. Zur Rechten zieht sich am Wall entlang eine gründerzeitliche Villenreihe, einmal unterbrochen vom stattlichen Bau des Lyzeums. Doch die Schule hat den Stadtkern längst verlassen, städtische Einrichtungen belegen heute die „*Alte Schule am Wall*". Gleich daneben steht die *Stadtvilla*, die sich ein adeliger Of-

houses of this period: in the annex facing "Freiligrathstraße" we find a large hall, a stately living-room fitted with a fire-place. Some of these "Saalbau"-rooms can still be found in Detmold.

In this narrow lane two plaques draw attention to two houses standing next to each other. In the one the poet Ferdinand Freiligrath was born (June 17th . 1810) in the other the playwright Christian Dietrich Grabbe died (September 12th, 1836).
Looking across "Bruchstraße" the visitor beholds a picturesque sight. Leaning against each other, two half-timbered houses seem to hide themselves. One of them, dating back to 1725, has only recently been skilfully restored.
"Bruchstraße" No 27 was built as a house of correction in 1752 and served as a prison well into the 19th

où débouchent les rues „Freiligrathstraße" et „Krumme Straße".
Sur le côté gauche de la rue „Krumme Straße", une série de maisons à colombage invite à regarder les détails des sculptures variées. Le numéro 40 de cette rue a été complètement détruit lors d'un incendie dans les années 80 et a été entièrement rénové; la partie en saillie, qui avait été détruite, fut remise en état et les sculptures ont été remises à neuf. Il est intéressant de voir comment on a intégré des emblèmes de firmes dans les sculptures. La maison du numéro 42, construite en 1645, quelques années plus tard par rapport à sa voisine de gauche, a été également remise en état dans les années 80 et transformée en restaurant. Le numéro 32, se trouvant au coin de la rue Freiligrathstraße, est une maison qui servait de bâtiment principal de ferme, elle fut contruite en 1643 et rénovée en 1979; c'est un

*Blick in die Krumme Straße
a view of "Krumme Straße"
vue sur la rue „Krumme Straße"*

*Eingang zur Volkshochschule
entrance of people's university building
entrée de l'université populaire*

Giebelansichten
impressive gables
rues sur des pignons

Giebelansichten / *impressive gables* / *vues sur des pignons*

fizier 1870 hier errichten ließ und die seine Nachfahren bis heute sorglich pflegen. Über die steinerne Brücke lassen wir Wall und Wallgraben hinter uns. Vor uns liegt die Stelle, an welcher 1874 die Stadtmauer durchbrochen wurde und die Freiligrathstraße in die *Krumme Straße* einmünden ließ.

Eine stattliche Reihe gut erhaltener Fachwerkgiebel bildet die Straßenzeile zur Linken und verlockt dazu, Einzelheiten des vielgestaltigen Schnitzwerkes näher zu betrachten. Krumme Straße 40 wurde nach einem Brand zu Anfang der achtziger Jahre dieses Jahrhunderts grundlegend saniert, der früher abgebrochene Erker wurde wiederhergestellt und das Schnitzwerk erneuert. Das Haus Krumme Straße 42, 1645 erbaut und damit wenige Jahre älter als sein Nachbar zur Linken, wurde ebenfalls in den achtziger Jahren dieses Jahrhun-

century. Here the playwright Christian Dietrich Grabbe was born, son of the prison governor Adolph Henrich Grabbe. Grabbe grew up and lived here until he went up to Leipzig university. In 1851 the prison was moved elsewhere and the building became private property. In 1987 the town council bought the building and reconstructed it completely in the years 1988-1990. Today it houses a studio theatre, the offices of the Grabbe society, the Lippe archives of the State Library with 14,000 volumes and 6000 manuscripts by Grabbe, Weerth and Freiligrath, and a cafe.

In the last years of the 17th century the small houses of "Bruchmauerstraße" were built, dominated by the medieval town walls. Relics of these walls can still be seen here - once the walls were a metre thick, made from large stones on the out-

exemple concret des particularités de ces maisons à cette époque: dans le bâtiment le long de la rue „Freiligrathstraße" se trouve une „grande salle", une de ces pièces d'habitation imposantes qui possédaient une cheminée, on en trouve d'ailleurs un grand nombre à Detmold.
Dans la petite ruelle „Unter der Wehme" se trouvent l'une à côté de l'autre la maison où est né le poète Ferdinand Freiligrath (17.06.1810) et la maison où est mort l'auteur dramatique Christian Dietrich Grabbe (12.09.1836). On trouve sur ces deux maisons une plaquette rappelant ces événements.
Si on jette un coup d'oeil au-delà de la rue „Unter der Wehme" et de la rue „Bruchstraße", on découvre une image idyllique de la vieille ville: serrées l'une contre l'autre se cachent deux maisons à colombage dont l'une construite en 1725 fut rénovée récemment.

Giebelansichten

derts saniert und zu einer Gaststätte umgebaut. Das Eckhaus zur Freiligrathstraße, Krumme Straße 32, ist ein Ackerbürgerhaus, das 1643 erbaut und 1979 durchgreifend saniert wurde; es zeigt eine Besonderheit der Wohnhäuser jener Zeit: In dem Anbau entlang der Freiligrathstraße befindet sich ein „Saalbau", einer jener stattlichen Wohnräume, die oft mit einem offenen Kamin versehen waren und von denen es in Detmold noch etliche gibt. In dieser engen Altstadtgasse stehen nebeneinander das Geburtshaus des Dichters Ferdinand Freiligrath (*17. 6. 1810) und das Sterbehaus des in Detmold geborenen Dramatikers Christian Dietrich Grabbe († 12. 9. 1836).

Blickt man aus der Wehme über die Bruchstraße hinweg, fällt der Blick auf eine Altstadt-Idylle: Eng aneinandergelehnt verstecken sich dort zwei Fachwerkhäuser, deren eines

impressive gables

side and filled with rubble and debris. The half-timbered house No 7 (dating back to the end of the 17th century) with its protruding upper storey leans with its back on the former town walls.

After the great fire in 1547 mayor Christoph Monnink, dubbed Schmeremen, had the house "Lange Straße" No 14 built in 1587. Its plastered front with stone decorations hides two large halls, which occupy about two thirds of its width, leaving ample space for a courtyard. In these halls the mayors of Lippe met for many years. Having undergone many reconstructions and refurbishings, for example the addition of shop-windows to the ground floor and the application of ugly light-blue paint, it was eventually restored in 1987. The gables got back their former shape and colour, more modestly shaped shop-windows were applied.

The house No 8, "Exterstraße", re-

vues sur des pignons

La maison (le numéro 27 de la rue „Bruchstraße"), construite en 1752 comme prison, a servi en tant que telle jusqu'au milieu du XIXième siècle. Dans cette maison, l'auteur dramatique Christian Dietrich Grabbe est né, il était le fils de l'administrateur de la prison. Le jeune Grabbe y grandit jusqu'à ce qu'il parte en 1820 pour faire ses études à Leipzig. En 1851, la prison fut transférée et la maison devint privée. En 1987, la ville l'acheta et la remit en état dans les années 1988-1990. On y trouve aujourd'hui une petite salle de spectacle utilisée régulièrement par le théâtre, le siège de l'association „Grabbe", les archives de littérature de Lippe. Filiale de la bibliothèque, on peut y découvrir 14 000 imprimés et plus de 6 000 pages écrites de la main de Grabbe, Weerth et Freiligrath et enfin on y trouve du côté rue un café apprécié.

1725 erbaut worden war und kürzlich sachkundig saniert und durchgebaut wurde. *(Bruchstraße 27)* Dieses Haus ist 1752 als Zuchthaus erbaut worden und diente bis zur Mitte des 19. Jahrhunderts diesem Zweck. In diesem Hause wurde 1801 der Dramatiker Christian Dietrich Grabbe geboren, Sohn des Zuchthausverwalters Adolph Henrich Grabbe. Hier wuchs der junge Grabbe auf, bis er 1820 sein Studium in Leipzig aufnahm. 1851 wurde die Strafanstalt verlegt und das Gebäude gelangte in Privatbesitz. 1987 erwarb die Stadt das Gebäude, das in den Jahren 1988-1990 von Grund auf saniert wurde. Heute beherbergt das Haus eine Studiobühne, vom Landestheater Detmold regelmäßig bespielt, die Geschäftsstelle der Grabbe-Gesellschaft, das Lippische Literaturarchiv der Landesbibliothek mit 14.000 Druckschriften und mehr als 6.000 Handschriften Grabbes, Weerths und Freiligraths und nicht zuletzt ein beliebtes Café zur Straße hin.

Im letzten Drittel des 17. Jahrhunderts entstanden diese Zwergenhäuser im Schatten der Stadtmauer, und nur „kleine Leute" (in des Wortes wahrster Bedeutung) konnten hier ein Zuhause finden. In dieser Straße stößt man auch noch auf die Reste der Detmolder Stadtmauer, die einst 1 m dick war und aus Bruchsteinen und großen Kieseln bestand - und im Innern aus Schutt und Geröll, wie man 1847 feststellen mußte. *(Bruchmauerstraße 7)* Dieses Fachwerkhaus vom Ende des 17. Jahrhunderts zeigt ein vorgekragtes Obergeschoß und lehnt sich mit seiner Rückwand auf die Stadtmauer. Nach dem Stadtbrand von 1547 ließ Christoph Monnink, genannt Schmeremen, damals Bürgermeister der Stadt Detmold, dieses Haus wohl 1587 errichten. Dieser Putzbau mit

ceding from the street was used by the Jewish community of Detmold as a synagogue since 1742, the one in front of it was probably inhabited by its janitor. In 1907 a new synagogue was opened at "Lortzingstraße" and burnt down by the Nazis in 1938. The buildings at "Exterstraße" were no longer used.
1981 they were sold by the town council to "Christengemeinschaft Bielefeld", a Christian congregation propagating the ideas of the anthroposophist Rudolph Steiner. The two buildings were restored, and the one in the back was turned into a prayer room ("St Michael´s chapel"). Unique Hebrew inscriptions were discovered on the facade of the front building and preserved in the process of its reconstruction.

A passageway to Lange Straße opens onto an inner courtyard. Here the town council had a memorial erected in November 1988, commemorating the Jewish victims of Nazi atrocities and persecution. Elements of the portal of the burnt-down synagogue at "Lortzingstraße" were incorporated in this monument.
The corner house fronting "Exterstraße" was built about 1830. The unusual cast-iron framework has recently been renewed. In the second half of the 19th century the "Landtag" (state parliament) of Lippe met here several times.
The view into a picturesque historical alley ("Adolfstraße") is probably the most often photographed sight of Detmold. The small half-timbered houses consist of a ground-floor, an intermediate floor and a protruding first floor. They were partly built on top of the old town walls (which also form their back walls) in the second half of the 17th century.
Schülerstraße had once been called "Süsternstraße" (Street of the Sisters) after the convent located here.

Dans la dernière partie du XVIIième siècle sont nées les maisons naines le long des remparts de la ville et seulement les „petites gens" (dans le sens propre du terme) pouvaient y habiter. Dans cette rue, on découvre encore des restes des remparts de la ville qui, à l'époque, avaient une épaisseur d'un mètre et qui étaient constitués de pierres de taille et de gros cailloux et à l'intérieur, il y avait des gravats et des éboulis, comme on a pu le constater en 1847. La maison (le numéro 7 de la rue „Bruchmauerstraße") qui est à colombage et qui date de la fin du XVIIième siècle possède un premier étage en surplomb et le mur du fond touche le rempart.
Après l'incendie en 1547, Christoph Monnink appelé Schmeremen, à l'époque maire de la ville de Detmold fit construire la maison (le numéro 14 de la rue „Lange Straße") en 1587. Ce bâtiment en crépi avec des structures en pierre possède derrière la maison de devant deux grandes salles, ne faisant que les deux tiers de la largeur de la maison et formant ainsi une cour. Après 1585 les maires de Lippe s'y sont réunis plusieurs fois. Après de nombreuses transformations , surtout celle de la vitrine au rez-de-chaussée, cette maison est restée pendant de longues années recouverte d'une affreuse laque bleu-claire. En 1987, elle a été rénovée, on a redonné à son pignon sa forme d'origine, on l'a repeinte et on a refait la vitrine au rez-de-chaussée de façon plus discrète.
Depuis 1742 la paroisse israélite utilisait en synagogue l'arrière de deux maisons, il s'agit des numéros 8 et 8a de la rue „Exterstraße", la partie avant servant de logement au sacristain. Après que les nazis aient incendié la synagogue en 1938, la nouvelle (rue „Lortzingstraße") fut consacrée et le bâtiment à la rue

Häuser auf der Stadtmauer
houses on top of the town walls
des maisons le long des remparts de la ville

Schmeremenhaus
"Schmeremen"-house
„*la maison Schmeremen*"

Exterstraße
Exterstraße
la rue „Exterstraße"

Hebräische Inschrift, Exterstraße
Hebrew inscriptions Exterstrasse
inscription hébraïque „Exterstraße"

Frühere Synagoge, Durchgang zur Gedenkstätte

former synagogue, passageway to memorial site

l'ancienne synagogue, passage vers le lieu commémoratif

Werksteingliederung besitzt hinter dem Vorderhaus zwei Saalbauten, die aber nur zwei Drittel der Hausbreite ausmachen und so einen Hofraum bilden. In den Saalbauten tagten nach 1585 wiederholt die lippischen Bürgermeister. Nach vielfachen Umgestaltungen, vor allem dem Einbau von Schaufenstern im Erdgeschoß, stand das Haus lange Jahre da, mit einer häßlichen hellblauen Lackschicht überzogen. 1987 wurde es saniert, dem Giebel seine ursprünglichen Gestaltung und Farbe wiedergegeben und die Schaufensterfront im Erdgeschoß zurückhaltender als bislang gestaltet. Das hintere der beiden Häuser wurde seit 1742 von der Israelitischen Gemeinde als *Synagoge* genutzt, das vordere diente wohl dem Synagogendiener zur Wohnung. 1907 wurde die neue Synagoge an der Lortzingstraße geweiht (die dann 1938 von den Nationalsoziali-

Later it was called "Schulstraße" after a grammar school founded here. Even when this was moved to "Leopoldstraße" the name was kept. The street runs eastward, coming from the market square. Once it was a dead-end street, running straight to the town walls. No gate opened here, only the "Stadts-Bürgerturm" (the citizens' tower) overlooked the walls.
"Martin-Luther" Church was built there in 1898, replacing a baroque predecessor, the "Paulskirche" of Lippe, i.e. the meeting place of the 1848 revolutionaries.
The "Brauhaus" (brewery) inn, was built after the great fire in 1547 at "Lange Straße" No 35, but it was reconstructed and changed time and again until it was finally turned into a restaurant in 1999. In former times the upper storey had been protruding, but as this had been irrecoverably changed before, a

"Exterstraße" fut abandonné. En 1981, le nouveau propriétaire - la ville - vendit ces deux bâtiments à l'association chrétienne „Christengemeindschaft Bielefeld e.V." qui suit les idées de Rudolf Steiner. L'extérieur de ces deux bâtiments a été remis en état, celui de derrière sert de salle de paroisse pour la chapelle „Michael-Kapelle". Lors des travaux, on a découvert sur le bâtiment de devant des inscriptions hébraïques.
Dans la cour intérieure près du passage qui va de l'ancienne synagogue à la rue „Lange Straße", la ville fit construire un monument commémoratif pour les victimes juives pendant la terreur des nazis; certaines parties de ce monument ressemblent au portail de la synagogue de la rue „Lortzingstraße qui a brûlé.
La maison d'angle, le numéro 12 de la rue „Grabenstraße" dont le front donne sur la rue „Exterstraße" fut

*Fachwerkfront
in der Grabenstraße*

*half-timbered house
in "Grabenstraße"*

*façade à colombage dans la rue
„Grabenstraße"*

Detail aus der Grabenstraße
details from "Grabenstraße"
détail de la rue „Grabenstraße"

Adolfstraße
Adolfstraße
la rue „Adolfstraße"

Mußestunde
leisure time
un instant de repos

sten niedergebrannt wurde) und das Gebäude an der Exterstraße aufgegeben. 1981 schrieb der neue Besitzer, die Stadt Detmold, beide Gebäude zur Privatisierung aus und verkaufte sie schließlich an die Christengemeinschaft Bielefeld e.V., die den Gedanken Rudolf Steiners verbunden ist. Beide Gebäude wurden in ihrem äußeren Erscheinungsbild instandgesetzt, das Hintergebäude zu einem Gemeinderaum, der „Michael-Kapelle", ausgebaut. Am Vorderhaus wurden bei den Arbeiten hebräische Schriftzeichen vorgefunden. Im Innenhof am Durchgang von der ehemaligen Synagoge zur Langen Straße ließ die Stadt im November 1988 eine Gedenkstätte für die jüdischen Opfer des nationalsozialistischen Terrors errichten, zu welcher auch Bauteile vom Portal der niedergebrannten Synagoge an der Lortzingstraße verwandt worden waren.

completely new solution was sought and found. The upper storey was refurbished in the fash-ion of the year 1900 with the help of surviving photos, the great hall was completely restored, the dormer windows were reconstructed. No 36 had long been underestimated by curators of monuments and art historians who thought that it had been built in the 18th century. The restoration of the wooden framework brought to light astoni-shing findings: previously unknown and unparalleled carvings of the "Weser-Renaissance" period. The owner could be persuaded to have them restored completely. Under the hoist a Latin verse calls for the Lord's blessing, slightly varying Psalm 16. But this verse can also be read as a "chronogramme": the capital letters are Roman numerals, adding up to 1593 AD, probably the date of the foundation of the house.

construite en 1830. La charpente en fonte a été renouvelée lors de la rénovation du bâtiment. Pendant la deuxième moitié du XVIIIième siècle, le parlement de Lippe s'y réunissait de temps en temps. La ruelle pittoresque „Adolfstraße", est certainement un des motifs les plus photographiés de la ville de Detmold. Les petites maisons à colombage comprennent un rez-de-chaussée, un entresol et un premier étage en surplomb. Ces maisons furent constuites dans la deuxième partie du XVIIIième siècle, le long des remparts. Leur mur du fond correspond à celui des remparts, sur lequel a été posé le premier étage. La rue „Schülerstraße" s'appelait autrefois „Süsternstraße"(la rue des soeurs), d'après le cloître qui s'y trouvait, ensuite elle obtint le nom de „Schulstraße", selon son lycée. la rue garda ce nom après que l'école soit transférée dans la rue

Ehemaliger Landtag in der Exterstraße

former state parliament building "Exterstraße"

l'ancien parlement dans la rue „Exterstraße"

An der Schülerstraße
a view of "Schülerstraße"
détail de la rue "Schülerstraße"

An der Schülerstraße
a view of "Schülerstraße"
détail de la rue "Schülerstraße"

Martin-Luther-Kirche
"Martin-Luther" church
l'église „Martin-Luther-Kirche"

Dieses *Eckhaus* mit der Front zur Exterstraße wurde um 1830 errichtet. Das *gusseiserne Tragegerüst* wurde anlässlich der Sanierung des Gebäudes erneuert. In der zweiten Hälfte des 19. Jahrhunderts tagte hier zeitweilig der lippische Landtag. Dieser Einblick in die malerische Altstadtgasse ist sicherlich das am meisten fotografierte Motiv Detmolds. Die kleinen Fachwerkhäuser zeigen ihre Traufseite zur Gasse und bestehen aus Erd-, Zwischen- und stark vorgekragtem Obergeschoss. Sie wurden in der zweiten Hälfte des 17. Jahrhunderts an die vorher freistehende Stadtmauer angebaut. Ihre Rückwand bildet die Stadtmauer, auf die das Obergeschoss aufgesetzt ist.

Die *Schülerstraße* hieß einst „Süsternstraße" (Schwesternstraße) nach dem an ihr gelegenen Nonnenkloster, später „Schulstraße" nach dem dort befindlichen Gymnasium, sie behielt diesen Namen auch, nachdem die Schule an die Leopoldstraße verlegt worden war. Die Straße verläuft vom Marktplatz aus in östlicher Richtung, sie endete einst blind vor der Stadtmauer; lediglich der „Stadts-Bürgerturm" stand vor der Mauer, ein Tor gab es an dieser Stelle nicht. Die lutherische *Martin-Luther-Kirche* war 1898 erbaut worden und ersetzte eine barocke Vorgängerin, die in der Revolution von 1848 die lippische „Paulskirche", der Versammlungsort der Revolutionäre also, gewesen war.

Haus Nr. 35, das Brauhaus, wurde ursprünglich nach dem großen Stadtbrand 1547 errichtet, im Verlaufe der Jahrhunderte aber immer wieder umgebaut. 1999 nun erfolgte der Umbau zu einem gastronomischen Betrieb. Da die Vorkragung des Obergeschosses entfernt und deshalb nicht wiederherstellbar war, wählte man stattdessen eine zeitgemäße Konstruktion. Das

No 55 has been housing "Hofapotheke" pharmacy for more than 200 years. Florentine Marianne Keiser, widow of a pharmacist, was able to buy the house as an old friend of her family, colonel Ernst Johann von Schröderß, had offered her a considerable loan. Above the entrance of "Hofapotheke" his name and coat of arms can still be seen today together with the date 1790. An entry in the land register ensures that these reminders of his generosity must not be removed.

When Detmold awaited the arrival of Kaiser Wilhelm I for the inauguration of the Hermann Monument in 1875, many citizens eagerly tried to hide their "old-fashioned" half-timbered houses under a coat of plaster to give them a more "modern" look. In the process of this modernisation the gable and the front of "Hofapotheke" were also completely plastered over, the sides were covered with Höxter-slates. In 1905 the owners had to realise that the wooden beams underneath the plaster coating had begun to rot. Thus most of the frontage had to be renewed as early as the beginning of this century. The furnishings of the "Offizin", the interior of the pharmacy, however, have survived virtually unchanged since 1850/51, when pharmacist Quentin had them made in the then fashionable Historicist style.

The northern branch of the moat at "Rosental"-street called the "foul ditch" for understandable reasons, had been filled in completely when the castle area was developed and was turned into a "boulevard" in 1802. At the corner facing "Lange Straße" the buildings of the Ministry of the Principality were situated, and later housed the short-lived "Prince Leopold" academy of administration (1917-25). Then the area was occupied by the offices of "Lippische

„Leopoldstraße". La rue part de la place du marché vers l'est, elle aboutissait autrefois de façon abrupte devant les remparts, les citoyens se retrouvaient devant le mur qui n'avait pas de porte à cet endroit. L'église luthérienne „Martin-Luther-Kirche" fut construite en 1848 et remplaça une église baroque qui avait été pendant la révolution de 1848 l'église de Lippe „Paulskirche", donc le lieu où se retrouvaient les révolutionnaires.

Le numéro 35 de la rue „Lange Straße", la brasserie „Brauhaus", fut construite après le grand incendie de 1547, mais elle fut plusieurs fois transformée au cours des siècles. En 1999, après des transformations, elle est devenue un lieu gastronomique. Comme le premier étage en surplomb avait disparu, il était impossible de le reconstruire, on a préféré choisir une architecture adaptée au temps présent. Le premier étage fut remis dans son état à l'époque de 1900, selon les détails d'une photo: la grande salle fut vidée et reprit son état d'origine, le volume des lucarnes fut réduit. Pendant des années, la protection des monuments n'a pas su reconnaître l'authenticité de la maison n°36, on pense qu'elle remonte au XVIIIième siècle. Le fait de mettre à jour les sculptures en bois a apporté des résultats étonnants: on a découvert de riches sculptures de style Weser Renaissance qui étaient jusqu'ici encore inconnues à Detmold. On a réussi à convaincre le propriétaire de remettre en état la splendide façade de cette maison bourgeoise. Au-dessous du grenier se trouve un vers en latin qui, suivant l'exemple du psaume 16, demande la bénédiction de Dieu. Mais ce vers est en même temps un "chronogramme": les lettres écrites en grand sont des chiffres romains et si on les aditionne on obtient 1593, la date de construction.

Strates Brauhaus in der Langen Straße

Strate's brewery inn ("Lange Straße")

la brasserie „Strate" dans la rue „Lange Straße"

Detmolder Hof
"Detmolder Hof" hotel
l'hôtel-restaurant „Detmolder Hof"

Blick in die Lange Straße nach Süden

southern view of "Lange Straße"

vue sur la rue „Lange Straße", côté sud

Lange Straße
Lange Straße
la rue „Lange Straße"

Gang zur Synagoge
passageway to the former synagogue
le passage à la synagogue

◁ *Das Kaufhaus Sonntag*
   Sonntag's department store
   le magasin „Sonntag"

Neu vor Alt
old and new
art moderne et architecture ancienne

Vielgestaltiges
some details
détails de maisons

Obergeschoss wurde nach dem Vorbild eines Fotos von 1900 in seinen damaligen Zustand zurückversetzt, der Saalbau wurde leer geräumt und in seinem Originalzustand restauriert, die Dachgauben im Volumen deutlich reduziert. *Haus Nr. 36* war lange von den Denkmalschützern gering geschätzt, sein Bau im 18. Jahrhundert vermutet worden. Die Freilegung des Holzwerks brachte erstaunliche Erkenntnisse: Zum Vorschein kamen reiche Weserrenaissance-Schnitzereien, wie sie in Detmold bislang nicht bekannt waren. Es gelang, den Bauherrn dazu zu bewegen, die prächtige Bürgerhausfassade wieder herzustellen. Unterhalb des Speicherstocks befindet sich ein lateinischer Doppelvers, der in Anlehnung an den 16. Psalm den Segen des Herrn erbittet. Aber dieser Vers ist zugleich ein „Chronogramm": Die groß herausgestellten Buchstaben sind zugleich römi-

Landes-Brandversicherungsanstalt" (State of Lippe Fire Insurance). In the 1970's the town council bought the whole area and sold it to a big department store company. Prof. Spengelin, a Hanover-based city-planner, built a large department store for this company here. Though its exterior does not imitate the "concrete boulder" design used elsewhere, its massiveness still exceeds the scope of the historical town centre.
Looking in a north-westerly direction, following "Rosental"-street, we see the baroque buildings guarding the "Schloßplatz"-area on the left and some private houses on the right, built in the first thirty years of the 19th century. At the end of this street, opposite "Landestheater" we find Ferdinand Brune's "Offiziantenhaus", offering accommodation for the civil servants of the principality of Lippe in the

Au numéro 55 se trouve la pharmacie „Hofapotheke". La veuve du pharmacien, Florentine Marianne Keiser avait pu à l'époque acheté la maison, car un ami de sa famille, le colonel Ernst Johann Schröderß, l'avait aidée en lui accordant un prêt généreux. On peut voir encore aujourd'hui son nom, ses armes et la date 1790 au-dessus de l'entrée, et il a été stipulé par le livre foncier que la preuve de son engagement ne soit en aucun cas supprimé. Lorsque Detmold a reçu la visite de l'empereur Wilhelm I en 1875 à l'occasion de l'inauguration du monument d'Arminius „Hermannsdenkmal", beaucoup de citoyens ont refait le crépi de leurs maisons pour qu'elles aient un aspect extérieur citadin. Lors de cette modernisation, le pignon de la pharmacie „Hofapotheke" fut complètement crépi et la façade latérale recouverte de plaques. L'intérieur

*Verschlüsselte Zeit:
Chronogramm*

*time encyphered:
a chronogramme*

le chronogramme

Hofapotheke
"Hofapotheke" pharmacy
la pharmacie „Hofapotheke"

Das „Offizin"
pharmacy interior: the "Offizin"
vue d'intérieur de la pharmacie „Hofapotheke"

sche Zahlzeichen, und ihre Addition ergibt das Jahr der Haushebung 1593.
Haus Nr. 55 beherbergt seit mehr als 200 Jahren die „Hofapotheke". Die Apothekerswitwe Florentine Marianne Keiser hatte seinerzeit das Haus kaufen können, da ein Freund ihrer Familie, der Oberst Ernst Johann von Schröderß, ihr mit einem großzügigen Darlehen dabei behilflich war. Über dem Eingang befinden sich noch heute sein Name, sein Wappen und die Jahreszahl 1790, und es ist grundbuchlich gesichert, dass dieses Zeugnis seines Wirkens zu keiner Zeit entfernt werden darf. Als Detmold 1875 zur Einweihung des Hermannsdenkmales den Besuch Kaiser Wilhelms I. erwartete, bemühten sich viele Bürger, ihre „altmodischen" Ackerbürgerhäuser zu verputzen und ihnen so einen städtischen Eindruck zu verleihen. Bei dieser „Modernisierung" wurde

1830's. Later it housed the district administration and today the "Brune-Haus" is used by municipal authorities. The massive building of "Landestheater" can be seen at the end of this street.
In the second half of the 19th century several representative houses were built in the northern part of "Leopoldstraße". Some of them have only recently been restored. Looking south-eastwards to "Hornsche Straße" we see "Meisenbug"-House and the adjacent half-timbered buildings. The street leading there is flanked by the imposing buildings of the district authorities, built in 1960 with additions and extensions from 1983. An old half-timbered house, dating back to 1833, was simply moved to a new place at "Hornsche Straße" No 33 to make room for these new office-buildings. In the front gardens a steel sculpture by Wilfried Hageböl-

de la pharmacie est restée pratiquement dans son état d'origine, c'est-à-dire comme le pharmacien Quentin l'avait fait arranger en 1850/51 dans un style gothique tant apprécié à l'époque.

La partie nord des douves du château qu'on appelle à juste titre „la douve paresseuse", a été comblée et transformée en une large rue magnifique lors des travaux de transformation autour du château en 1802. Pendant longtemps on trouvait au coin de la rue „Lange Straße" le bâtiment du ministère de la principauté, puis pour une courte durée la „Fürst-Leopold-Verwaltungsakademie", le bâtiment administratif du prince Leopold (1917-1925). Ensuite, l'assurance „Lippische Landes-Brandversicherung" occupa toute la surface. A la fin des années 70 la ville acheta le terrain et le revendit ensuite à des konzern

Kaufhaus an der Werre
department store
magasin le long de la Werre

auch die Giebelfront der Hofapotheke völlig verputzt, die Seitenfront mit Höxterplatten verkleidet. 1905 mußte man dann feststellen, dass die Fachwerkbalken unter dem Putz vermodert waren. So wurde die Straßenfassade des Gebäudes zu Anfang des 20. Jahrhunderts im Wesentlichen erneuert. Nahezu unverändert erhalten ist die Inneneinrichtung des „Offizins", der Apotheke also, wie sie Apotheker Quentin 1850/51 im damals beliebten neugotischen Stil des Historismus hatte anfertigen lassen.
Der nördliche Arm des Burggrabens, aus verständlichen Gründen im Volksmund *„Fauler Graben"* betitelt, war bei der Umgestaltung des Schlossumfeldes 1802 zugeschüttet und in eine breite Prachtstraße verwandelt worden. An der Ecke zur Langen Straße stand lange das Gebäude des Fürstlichen Ministeriums, später das der kurzlebigen

ling can be seen.
Another building from 1833 is No 5, Leopoldstraße. "Leopoldinum" Grammar School lodged here until moving to "Hornsche Straße". Then it was occupied by Klingenberg Company only to be used as a police station later.
In 1984 it was completely redeveloped and now houses "Stadtbibliothek", the municipal public library.
Right behind it we find another municipal building, "Grabenstraße" No 24. Here the citizens of Detmold find their "Bürgerberatung" (citizens' office) where they can bring up all sorts of matters and requests concerning municipal services and administration at a single desk, without having to hasten from one office building to the next.

When you left Detmold by "Hornische Pforte" in former times, you met the old high-road to Horn

de grands magasins. L'architecte Prof. Spengelin d'Hanovre fit construire un grand magasin, qui par son extérieur se différencie de ces bâtiments en béton que l'on trouve ailleurs et qui, par leur volume, ne correspondent pas aux dimensions de la vieille ville.

Quand on jette un coup d'oeil d'ici vers le nord-ouest, on découvre la rue „Rosental", qui est encadrée à sa gauche par le château baroque et son parc et à sa droite par des maisons datant du début du XIXième siècle. Au fond, à droite se trouve la „maison des fonctionnaires" Ferdinand Brune datant de 1830 et comprenant des appartements pour les personnalités princières. Plus tard y siégea l'administration du district de Detmold; aujourd'hui, on trouve dans cette maison, appelée „Brune-Haus" des bureaux de l'administration de la ville. Le regard tombe en-

Idylle in der Meierstraße — *a picturesque scene from "Meierstraße"* — *la rue „Meierstraße", vue idyllique*

Fürst-Leopold-Verwaltungsakademie (1917 – 1925). Danach füllte der Verwaltungsbau der Lippischen Landes-Brandversicherungsanstalt das gesamte Eckareal aus. Ende der Siebziger Jahre des 20. Jahrhunderts erwarb die Stadt das Grundstück und verkaufte es dann an einen Warenhaus-Konzern weiter. Der ließ dort durch den Hannoveraner Städteplaner Prof. Spengelin ein *Kaufhaus* errichten, das sich in seiner äußeren Gestaltung zwar wohltuend von den anderswo vorhandenen Betonklötzen moderner Kaufhäuser unterscheidet, in seiner Baumasse aber am Rande der Altstadt deren Maßstäbe sprengt.

Der Blick von dieser Ecke aus nach Nordwesten wandert das Rosental entlang, zur Linken von den barocken Schlossplatz-Gebäuden und zur Rechten von Wohnhäusern aus dem ersten Drittel des 19. Jahrhun-

which ran outside the town walls in those days. Today "Hornsche Straße" (federal road No 239) is a busy street leading heavy traffic straight through the town. Not astonishing, therefore, that city planners and traffic experts in the 1970's developed ideas of a "carfriendly" city, promoting plans according to which wide inroads should take up the traffic, while urban-renewal projects for large parts of the inner-town intended to change the townscape completely with busy shopping malls and underground parking areas. But the citizens reacted immediately: whole neighbourhoods fought against these plans, drawing urban designers and local politicians into heated discussions, developing alternative conceptions and they eventually succeeded in convincing the authorities concerned that the realisation of the original plans would

fin sur le bâtiment imposant du théâtre.

Pendant la deuxième partie du XIXième siècle, on a construit dans la partie nord de la rue „Leopoldstraße" des maisons, pour la plupart de belle apparence. Plusieurs d'entre elles ont été rénovées récemment. Jetons maintenant un coup d'oeil vers le sud-ouest, où croise la rue „Hornsche Straße", on découvre le „Meisenbugsches Palais" et ses maisons à colombage. En se rendant là-bas, on passe devant les hauts bâtiments de l'administration du district`, „Bezirksregierung". La première tranche fut construite en 1961, suivie d'une deuxième en 1983. Le numéro 7 de la rue „Leopoldstraße", une maison à colombage datant de 1833, gênait les travaux de construction. La section de land Lippe la fit transporter au numéro 33 de la rue „Hornsche Straße".

◁ *Offiziantenhaus*
  ("Offiziantenhaus") former civil servants' accommodations
  „*la maison des fonctionnaires*"

Meisenbugsches Palais
Meisenbug stately home
le palais de Meisenbug

Hornsche Straße
"Hornsche Straße"
la rue „Hornsche Straße"

Bezirksregierung
state district authorities
l'administration du district

Stadtbücherei
municipal library
la bibliothèque

derts eingerahmt. Hinten rechts steht das „*Offiziantenhaus*" Ferdinand Brunes aus dem Jahre 1830 mit Wohnungen für fürstliche Beamte, später Sitz der Verwaltung des Kreises Detmold, heute als „*Brune-Haus*" von Teilen der Stadtverwaltung in Anspruch genommen. Der wuchtige Bau des *Landestheaters* schließt den Blick ab.

In der zweiten Hälfte des 19. Jahrhunderts wurde der nördliche Teil der *Leopoldstraße* mit zumeist stattlichen Wohnhäusern bebaut. Mehrere von ihnen wurden erst in jüngerer Zeit restauriert. Blickt man nun nach Südwesten zur dort querenden *Hornschen Straße*, bilden an ihr das *Meisenbugsche Palais* und dessen Fachwerk-Nachbargebäude den Raumabschluss. Auf dem Wege dorthin passieren wir die wuchtigen Hochhäuser der Bezirksregierung. Dem Bau des ersten Ab-

strike a final blow to the historical town centre.

And planners and politicians learnt their lessons. In a long, sometimes tantalising process they bade farewell to all megalomaniac conceptions and agreed on a new approach attempting to preserve the beauty of the old town. Traffic had to accept a serving function, not any longer a dominant role, the late-Classical buildings at the fringes were to be preserved as well as the diversity of the old small-scale quarters. The number of areas assigned for traffic purposes was drastically reduced, administrative buildings were moved from the town centre to the outskirts. All these ideas were published in the 1977 "Rahmenplan Stadtkern" (structure plan for the development of the town centre). For this re-orientation of its plans Detmold was

Devant les bâtiments de l'administration du district, „Bezirksregierung", se trouve une sculpture en acier de Wilfried Hagebölling. Le numéro 5 de cette rue date également de 1833. Jusqu'en 1907 on y trouvait le lycée municipal „Leopoldinum" qui, après son agrandissement, déménagea dans la rue „Hornsche Straße". La maison à la „Leopoldstraße" fut tout d'abord utilisée par la société „Gebrüder Kligenberg" qui se trouvait à côté, puis on y trouva le commissariat de police. Après sa rénovation complète en 1984, la bibliothèque municipale s'y installa. Dans les bâtiments de la cour intérieure, „Grabenstraße 24", on trouve les bâtiments administratifs de la ville, les services „citoyens, ordre et social". Au rez-de-chaussée, une pièce imposante prend toute la largeur du bâtiment, c'est le service „Bürgerberatung" où les citoyens peuvent

schnittes 1961 folgte 1983 der Erweiterungsbau. Ihm musste das aus dem Jahre 1833 stammende Fachwerkhaus Leopoldstraße 7 weichen. Der Landesverband Lippe ließ es abtragen und an der Hornschen Straße 33 wieder errichten.

Im Vorgarten der *Bezirksregierung* befindet sich eine weitere Stahlskulptur Wilfried Hageböllings. Ebenfalls aus dem Jahre 1833 stammt das Haus Leopoldstraße 5. Bis zum Jahre 1907 beherbergte es das staatliche Gymnasium Leopoldinum, das danach seinen Neubau an der Hornschen Straße bezog. Das Haus an der Leopoldstraße aber nutzte zunächst die benachbarte Firma Gebrüder Klingenberg, später wurde dort die Polizeistation untergebracht. 1984 schließlich, nach vollständiger Sanierung, zog dort die *Stadtbücherei* ein. Im Blockinnenbereich finden wir das

awarded a gold medal in the 1979 federal contest for town development and preservation of historic monuments. The reconsideration of already worked-out plans (some of them actually gone legally effective) and the development of more modest ideas had by then led to a considerable upgrading of the town's historical features and to a remarkable improvement of the town's appearance, as the jury pointed out.

A striking example of these developments is "Münsterberg" house, "Hornsche Straße" No 38. It was probably built in 1850 and shows the typical round arches of the late-Classical period. From 1886 it was owned and used by Oscar Münsterberg, associate of Klingenberg Company. In the nine years that he spent in Detmold he was known as an art collector, buying furniture and furnishings from different areas

effectuer leurs démarches administratives. Ils peuvent les faire à un seul bureau, sans se hâter d'une pièce à l'autre ou d'un service public à un autre.
Autrefois, quand on passait la porte „Hornische Pforte", au bout de la rue „Lange Straße", en direction du sud pour quitter la vieille ville, on se trouvait sur la chaussée vers Horn qui s'étirait jadis en-dehors des remparts de Detmold. Aujourd'hui la rue „Hornsche Straße" (B239) est très fréquentée même par de nombreux poids lourds qui ont du mal à traverser la ville. Les spécialistes pendant les années 70 ont voulu faire de Detmold une ville „accueillante pour la voiture" - ce qui était surprenant - et présentèrent un projet dans lequel de larges voies devaient solutionner la circulation. Tout le centre de la ville devait être assaini et il était prévu des boutiques et des garages souterrains au lieu de

städtische Verwaltungsgebäude Grabenstraße 24, wo der Fachbereich 2 (Bürgerangelegenheiten /Ordnung/Soziales) untergebracht ist. Im Erdgeschoss öffnet sich ein stattlicher Raum, der die gesamte Breite des Gebäudes einnimmt. Das ist die „Bürgerberatung", in welcher der Bürger alle Angelegenheiten, zu deren Erledigung er der Stadtverwaltung bedarf, an einem Schreibtisch erledigen lassen kann, ohne wie bisher von Amtszimmer zu Amtszimmer, von Behörde zu Behörde hasten zu müssen. Verließ man einst durch die „Hornische Pforte" am Südende der Langen Straße das alte Detmold, stieß man auf die Chaussee nach Horn, die damals außerhalb des Detmolder Mauerrings verlief. Heute ist die Hornsche Straße eine viel befahrene Bundesstraße (B 239), auf welcher sich selbst Schwerlastverkehr durch die Stadt quält. Was Wunder, dass auch in Detmold die Fachleute in den Siebziger Jahren des 20. Jahrhunderts der Vorstellung von einer „autogerechten Stadt" folgten und eine Stadtplanung vorlegten, in der breite Schneisen den Verkehr aufnehmen sollten, Flächensanierungen ganze Innenstadtviertel abräumten und lauter Boutiquen und Tiefgaragen anstelle ruhiger Innenhöfe vorsah. Doch dann geschah etwas Unerwartetes: Die Bewohner der historischen Altstadt wehrten sich gegen diese Pläne. Sie bildeten Quartiersgemeinschaften und verwickelten Planer und Kommunalpolitiker in engagierte Gespräche, entwickelten Gegenvorschläge gegen die Planvorstellungen und zwangen so die Beteiligten, sich vor Ort an konkreten Beispielen davon zu überzeugen, dass die Verwirklichung jener Pläne den Tod der historischen Altstadt bedeuten würde. Und Kommunalpolitiker und Planer begriffen. In einem gelegentlich quälenden Prozess nahmen sie nach

and ages to have them fitted inside his own house. When he left Detmold in 1895 these collectors' items remained behind. In 1916 the "Princely Conservatory for Music, Theatre and Rhetoric" moved in, but later the house was publicly offered and sold as "Jewish property" under the Nazis. In 1965 first plans were discussed proposing the demolition of this historical building in order to achieve a smoother flow of the traffic...Twenty years later more serious attempts were made to preserve the building and to meet the demands of the ever increasing traffic on the streets at the same time. In a heated public debate advantages and disadvantages were discussed, several ideas were developed, but no solution could be found to combine the desired preservation of the house with the necessary addition of a new lane to "Hornsche Straße". Then a Dortmund-based company offered to move the building as a whole several metres away. In June 1987 this plan was realised and "Hornsche Straße" No 38 was moved 7 metres back thus making room for the long overdue widening of the busy street. A short time later the town council bought the building, had it restored and offered it to "Literaturbüro Ostwestfalen-Lippe" (Regional Society of Literature).

Count Simon VI founded a state grammar school in 1602. It was first located in "Schülerstraße", in 1833 it moved to "Leopoldstraße" and in 1907 "Leopoldinum", as it was now called, again moved into new lodgings at "Hornsche Straße", built on a lot donated by Prince Leopold IV. The stairwell and the assembly hall have preserved their typical "Gründerzeit"(1870-1873) period appearance. 1949 the number of students had increased to more than 1200, so that the school was divided into two separate bran-

cours intérieures calmes. Cependant il se passa quelque chose d'imprévu: Les habitants du centre de la ville historique se soulevèrent contre ce projet. Ils se regroupèrent par quartier et discutèrent avec les spécialistes et les responsables politiques. Ces habitants engagés développèrent des alternatives et essayèrent de convaincre avec des exemples concrets ceux qui participaient à ce plan, que la réalisation de leur projet était la mort du centre historique. Les hommes politiques et les spécialistes comprirent. Après un processus compliqué, ils renoncèrent en 1975 à leur projet gigantesque et se mirent d'accord pour une nouvelle planification qui devait conserver la ville. Ce projet accordait à la circulation une importance suffisante et il concervait les constructions néo-classiques. Les surfaces réservées à la circulation furent réduites et on autorisa entre autres l'administration à quitter le centre. En octobre 1977, la ville présenta un „plan général pour le centre de la ville" qu'elle rendit publique. La ville obtint en 1979 pour sa nouvelle planification une plaquette en or dans le cadre d'un concours national „physionomie de la ville et protection des monuments dans l'urbanisme". La ville a effectué un „exploit remarquable"en transformant complètement un projet de conception qui prévoyait un plan d'aménagement de la ville et de la circulation de grande envergure et déjà juridiquement valide en faveur d'une conception plus modeste pour diminuer la circulation et conserver la rénovation. Le jury jugea ainsi à l'époque: „Une nette révalorisation des traits caractéristiques de l'histoire et une amélioration de la physionomie de la ville sont ainsi atteintes".

L'histoire concernant la construction du numéro 38 de la rue „Hornsche Straße", la „Münsterberg-

*Münsterbergsches Haus/
Innenleben*

"Münsterberg" house (interior)

*la maison Münsterberg
vue d'intérieur*

1975 Abschied von jenen gigantomanischen Vorhaben und verständigten sich auf eine stadterhaltende Planung, die dem Verkehr eine dienende Rolle zuwies, die klassizistische Randbebauung sowie Kleinteiligkeit und Vielfalt erhalten sollte. Das Angebot an Verkehrsflächen wurde drastisch reduziert und auch außerhalb des Stadtkerns zentrale Nutzungen (Verwaltung u.ä.) gestattet. Im Oktober 1977 legte die Stadt einen „Rahmenplan Stadtkern" vor, der diese planerischen Ziele und Vorgaben nun auch öffentlich machte. Für diese Neuorientierung der Stadtplanung erhielt die Stadt Detmold 1979 im Bundeswettbewerb „Stadtgestalt und Denkmalschutz im Städtebau" eine Goldplakette für diese „Hervorragende Leistung" der vollständigen Umorientierung einer Planungskonzeption, die zur Aufgabe groß angelegter, z.T. schon rechtsverbindlicher Verkehrs- und Bebauungsplanungen zugunsten eines bescheideneren Konzepts der Verkehrsberuhigung und erhaltenden Erneuerung geführt hat. „Es sei bereits", so befand die Bewertungskommission damals, „eine deutliche Aufwertung der geschichtlichen Wesenszüge und auch erkennbare Verbesserungen der Stadtgestalt erreicht worden."

Ein gutes Beispiel für diese Entwicklung bietet die Baugeschichte des *„Münsterberg-Hauses"* Hornsche Straße 38. Erbaut wurde das Haus wohl um 1850 im Rundbogenstil des Klassizismus. Bewohner und Eigentümer war seit 1886 der Kaufmann Oscar Münsterberg, der Gesellschafter der Firma Gebrüder Klingenberg war. In den neun Jahren, in denen Münsterberg in Detmold lebte, betätigte er sich auch als Kunstsammler. So sammelte er Einrichtungs- und Ausstattungsgegenstände aus den verschiedensten Epochen und Gegenden und ließ sie ches: the languages department became an independent high school called "Leopoldinum I", moving into new lodgings eastward of the old school building, where the natural sciences and mathematics departments remained as "Leopoldinum II". In 1985 both schools were reunited and can now be found at the old place at "Hornsche Straße".

In 1842 the Frankfurt merchant Johann Wilhelm Ebert built the biggest private late classical house in Detmold, keeping a "noble distance" to the street. Due to the swampy soil the building had to be founded on 800 oak piles rammed into the ground. In 1858 Ebert sold his house to Prince Woldemar, who lived here until he succeeded to the throne in 1875. In 1886 the library of the principality moved into this building sharing it with the natural sciences museum and the "collection of patriotic antiquities". In 1919, Lippe had meanwhile become a Free State after the abdication of the House of Lippe, the library received its new name "Lippe State Library". In 1921 the government decided to establish the natural sciences museum at "Neues Palais". Six months after the museum had moved to its new quarters a great fire destroyed the roof, the staircase and the wooden-beam ceiling of the library. 30,000 volumes are supposed to have been destroyed then. As there was no money for a new building a reconstruction was begun and the library re-opened in April 1923. In 1992/93 considerable renovations brought decisive improvements. An open-access library of 60,000 volumes was established, providing ample reading and studying facilities for users. The collection of books of the 16th and 17th centuries on various subjects, until then scattered over many different storerooms, was united in Haus" est un bon exemple pour cette évolution. La maison fut construite vers 1850 dans le style néoclassique, elle était habitée depuis 1886 par son propriétaire, le négociant Oscar Münterberg, associé de la société „Gebrüder Klingenberg". Pendant les neuf années où il vécut à Detmold, il s'avéra être un collectionneur d'objets d'art. Il collectionna ainsi des objets d'ameublement et de décoration de différentes époques et régions pour les installer dans sa maison. Lorsqu'il quitta Detmold en 1895, il laissa sa maison ainsi aménagée. En 1942 „le conservatoire de la principauté pour la musique, le théâtre et la rhétorique .." s'installa dans la maison qui, étant un bien juif, fut vendu de force et remis à la Croix Rouge en 1942. Un premier plan d'aménagement datant de 1965 prévoyait la destruction de cette maison pour permettre une circulation plus fluide. Cependant vingt ans plus tard, on cherchait encore des moyens pour conserver la maison tout en respectant les exigences de la circulation. C'est alors qu'une société de Dortmund proposa de reculer la maison de plusieurs mètres et ainsi de solutionner les problèmes existants. Et c'est en juin 1987 que l'imposant bâtiment (Hornsche Straße 38) fut reculé de 7 mètres laissant la place nécessaire pour l'élargissement de la rue. Plus tard, la ville racheta la maison, la fit rénover extérieurement et intérieurement et la mit à la disposition du bureau littéraire de Lippe.

Le comte Simon VI avait créé en 1602 l'Ecole Rurale Latine qui se trouvait tout d'abord dans la rue „Schülerstraße"; elle déménagea ensuite en 1833 dans la rue „Leopoldstraße". En 1907 l'école „Leopoldinum", le nom qu'elle portait à l'époque, s'installa dans les nouveaux bâtiments de la rue „Horn-

Gymnasium Leopoldinum
"Leopoldinum" grammar school
le lycée Leopoldinum

in sein Haus einbauen. Als er 1895 Detmold verließ, blieben diese Einbauten zurück. 1916 bezog dann das „Fürstliche Konservatorium für Musik, Theater und Redekunst" das Haus, das 1942 als jüdisches Eigentum zwangsverkauft und so dem Deutschen Roten Kreuz zum Eigentum übergeben wurde. Ein erster Bebauungsplan aus dem Jahre 1965 sah den Abbruch des Hauses zugunsten einer flüssigeren Verkehrsführung vor. Doch zwanzig Jahre später suchte man ernsthaft nach Möglichkeiten, das Haus zu erhalten und gleichzeitig die Forderungen des fließenden Verkehrs zu berücksichtigen. Da meldete sich eine Dortmunder Firma und erbot sich, das ganze Haus um mehrere Meter zu verschieben und damit die anstehenden Probleme zu lösen. Im Juni 1987 war es dann so weit: Das stattliche Gebäude Hornsche Straße 38 wurde samt seinem Anbau um one place. Offices and work-stations were also improved considerably. Thus "Lippische Landesbibliothek" presents itself as a modern, well equipped library offering more than 420.000 volumes to the public.

Receding from the street, just beyond the small "Werre" brook, the new buildings of "Lippische Landes-Brandversicherungsanstalt" (State of Lippe Fire Insurance Agency), or short "Landes-Brand" can be seen. Built in 1994/95 the three office buildings offer 300 workplaces on 33.000 square metres. The modern buildings, however, cannot hide the fact that the company is already 250 years old. As early as 1752 Count Simon August issued "Brand Assecurations-Ordnung", ordering that the value of all houses in the principality of Lippe had to be assessed so that all damages caused by fire could be

sche Straße" qui avaient été construits selon les plans du conseiller au sevice d'urbanisme Böhmer. Le terrain nécessaire avait été donné par le prince Leopold IV. On retrouve le style de l'époque dans la cage d'escalier et dans la salle des spectacles. En 1949, le nombre des élèves s'éleva à plus de 1200, si bien que l'école fut séparée en deux: le lycée pour les langues mortes et vivantes devint indépendant et s'installa quelques années plus tard dans le nouveau bâtiment se trouvant à l'est de la partie ancienne. Le lycée pour mathématiques et sciences physiques et naturelles resta au même endroit et prit le nom de Leopoldinum II, mais obtint plus tard un nouveau bâtiment supplémentaire. Ce n'est qu'en 1985 que les deux écoles furent de nouveau réunies, l'école a gardé son nom traditionnel „Leopoldinum" et ses bâtiments.

Treppenhaus im Leopoldinum
"Leopoldinum": stairwell
l'escalier du lycée Leopoldinum

7 m zurückgeschoben und so der gewünschte Raum für eine Straßenverbreiterung geschaffen. Später kaufte die Stadt das Gebäude zurück, ließ es innen und außen renovieren und stellte es dem Literaturbüro Ostwestfalen Lippe e.V. und der Christlich-jüdischen Gesellschaft als Domizil zur Verfügung.

Graf Simon VI. hatte 1602 die Lateinische Landesschule gegründet. Die Schule war zunächst an der Schülerstraße untergebracht, dann 1833 an die Leopoldstraße umgezogen. 1907 bezog das „Leopoldinum", wie es inzwischen hieß, einen Neubau am Kuhkamp, das nach Plänen des Baurates Böhmer errichtete Schulgebäude Hornsche Straße 48. Das dafür benötigte Grundstück hatte Fürst Leopold IV. gestiftet. *Treppenhaus* und *Aula* zeigen noch heute Formen im Stile der Gründerzeit. 1949 war die

compensated correctly. Everywhere "Feuerherren" (fire guardians) had to inspect houses to ensure that all fire prevention rules ordered by the state were strictly kept. In case of a fire every person was obliged to help the fire-fighters. In 1792 "Brandkasse" even paid for the acquisition, equipment and maintenance of the first fire extinguishing machines. In 1925 the "Brandkasse" was allowed to offer other than fire-insurance contracts. Thus the monopolised fire insurance company became a normal insurance company. With the establishment of the common market in Europe 1994 the still existing fire insurance monopoly for Lippe was abolished. "Landes-Brand" is now just a normal company competing with others. The company works under the auspices of "Landesverband Lippe" institution, the legal successor of Lippe Free State.

En 1842 le négociant de Francfort Johann Wilhelm Ebert fit construire la plus grande maison privée néoclassique „à une bonne distance de la rue". A cause de la mauvaise qualité du sol, il a fallu poser les fondations sur 800 poteaux en chêne. En 1858 Ebert vendit la maison au prince Woldemar zur Lippe qui l'habita jusqu'à ce qu'il monte sur le trône en 1875. Ensuite, cette maison fut utilisée comme bibliothèque, et depuis 1886 elle y est installée. Mais tout d'abord cette dernière a dû séparer les locaux avec le musée de l'association des sciences naturelles et plus tard encore avec la „collection des antiquités nationales". En 1919 après l'abdication du prince, Lippe est devenu un Etat libre et la bibliothèque obtint le nom de „Lippische Landesbibliothek" qu'elle porte encore aujourd'hui, et en 1921 les autorités ont décidé de placer le musée

Schülerzahl auf mehr als 1200 angeschwollen, sodass die Schule geteilt wurde: Das alt- und neusprachliche Gymnasium wurde als Leopoldinum I eine selbständige Schule und bezog wenige Jahre später einen Neubau östlich des alten Schulgebäudes. Das mathematisch-naturwissenschaftliche Gymnasium verblieb als Leopoldinum II am alten Platz, erhielt ebenfalls später einen zusätzlichen Neubau. Nach 1985 wurden beide Schulen wieder vereinigt und sind nun unter dem traditionellen Namen „Leopoldinum" am alten Standort untergebracht.

1842 ließ sich der Frankfurter Kaufmann Johann Wilhelm Ebert das sicherlich größte klassizistische Privathaus Detmolds bauen, „in vornehmer Distanz zur Straße". Des schlechten Baugrundes wegen mußte die Gründung der Fundamente auf 800 Eichenpfählen gesichert werden. 1858 veräußerte Ebert das Gebäude an den Prinzen Woldemar zur Lippe, der es bis zu seiner Thronbesteigung 1875 bewohnte. Später der fürstlichen Kammer für Zwecke der *Bibliothek* überlassen, bezog diese es 1886 als ihre endgültige Bleibe. Zunächst jedoch mußte die Bibliothek das Gebäude mit dem Museum des Naturwissenschaftlichen Vereins und später noch der mit „Sammlung vaterländischer Altertümer" teilen. 1919 erhielt die Bibliothek den Namen „*Lippische Landesbibliothek*" (den sie bis heute trägt), und 1921 beschloss die Regierung, das Museum im Neuen Palais unterzubringen. Ein halbes Jahr nach dem Auszug des Museums, am 22. November 1921, brach im Bibliotheksgebäude ein Großfeuer aus, dem außer dem Dachstuhl das Treppenhaus und die Holzbalkendecken zum Opfer fielen. Etwa 30.000 Bände sollen damals vernichtet worden sein. Da für einen Neubau wohl das Geld fehlte,

Today "Landes-Brand" offers the full range of different insurance policies but the company remains a relatively small one, the overall sum of contributions for policies not exceeding 180 million DM per year.

The State Archives of Lippe may well be called the "memory" of the state and its citizens since, on their 12 kilometres of shelves, they collect all kinds of legal, administrative and even private documents as long as they are considered worthy to be kept. The oldest document here dates back to 1207. In the Register of Births, Marriages and Deaths for Westphalia and Lippe ("Personenstandsarchiv") attached to the "Staatsarchiv" all kinds of personal documents, municipal registers and even copies of church registers from the districts of Arnsberg, Detmold and Münster are preserved.

Count Friedrich Adolf tried to link his castle in the town and his estate "Pöpinghausen" on "Büchenberg" hill by a 1.2 kilometre navigable canal for his leisure boats. As he found that his residential town was rather small and "overcrowded", Friedrich Adolf issued a privilege granting everybody who was willing to build a new house on the eastern bank of this canal an exemption from taxes for 20 years and a plot and building material for free. The inhabitants of this "Neustadt" (new town) were promised to achieve the same rights that the citizens of the old town already enjoyed, a share of the common pasture and, most important, their own jurisdiction. Thus the first settlement outside the medieval town walls developed: a row of ten two-storey houses, each one wide enough for five windows under a common gabled roof. Facing "Hornsches Tor"-gate a large corner house was built in 1724, housing "Lippischer Hof" hotel to-

dans le nouveau palais. Six mois après le déménagement du musée, le 22 novembre 1921, un grand incendie détruisit presque complètement le bâtiment de la bibliothèque, seuls la charpente, la cage d'escalier et les plafonds aux poutres apparentes ont pu être sauvés. Environ 30 000 livres ont brûlé à l'époque. Comme les fonds manquaient pour reconstruire un nouveau bâtiment, on décida de le rénover et en avril 1923 la bibliothèque réouvrit ses portes. Les bâtiments ainsi que l'ensemble des livres ont survécu à la deuxième guerre mondiale sans dommage. Finalement, c'est en 1992/93 que des travaux importants ont apporté des améliorations déterminantes. Il est possible aujourd'hui d'emprunter quelques 60 000 livres, des aires de travail ont été installées, on y a ajouté l'ensemble d'oeuvres datant du XVIième et XVIIième siècle et les places de travail sont devenues plus fonctionnelles. Aujourd'hui, la bibliothèque est considérée comme moderne, tournée vers l'avenir avec ses quelques 420 000 oeuvres.

En dehors de la ville, de l'autre côté de la Werre, s'étend un complexe moderne la „Lippische Landes-Brandversicherungsanstalt", l'assurance contre le feu de Lippe; dans le langage courant on la nomme la „Landes-Brand". Les trois bâtiments offrant 300 emplois ont pris naissance en 1994/95 sur une surface d'environ 33 000m². Il ne faut pas oublier que dans ce bâtiment administratif extrêmement moderne se trouve une société qui date de plus de deux siècles et demi. En effet, en 1752, Simon August, comte régissant, a décrété une loi d'après laquelle tous les bâtiments de Lippe étaient taxés et ainsi assurés contre les dommages du feu. Ensuite des „spécialistes du feu" ont été mis un peu partout en place pour contrôler

Landesbibliothek
state library
la bibliothèque „Landesbibliothek"

Moderne Ausleihe
modern counters
technique moderne du prêt

„Merkwürdiges Detmold"
"remarkable Detmold"
„curieux Detmold"

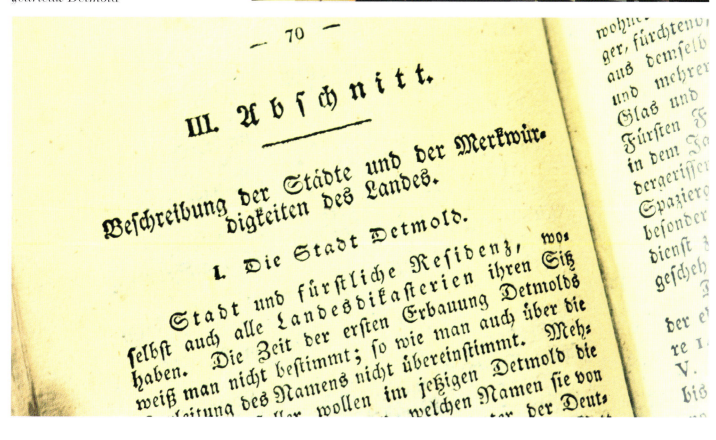

entschloss man sich zum Wiederaufbau, und im April 1923 konnte die Landesbibliothek wieder eröffnet werden. Den Zweiten Weltkrieg überstanden Gebäude und Bestände ohne Schäden. 1992/93 schließlich brachten umfangreiche Bauarbeiten entscheidende Verbesserungen. Ein ausleihbarer Freihandbestand von etwa 60.000 Bänden mit möglichst vielen Benutzerarbeitsplätzen wurde erstmals eingerichtet, der bislang im Magazin auf verschiedene Sachgruppen verteilte Altbestand des 16. und 17. Jahrhunderts zusammengeführt, die Arbeitsplätze des Personals funktionsgerecht verbessert. So stellt sich die Lippische Landesbibliothek heute dar als eine moderne Bibliothek mit einem beachtlichen Bestand von etwa 420.000 Bänden.

Abseits der Straße, jenseits der Werre erstreckt sich der Neubau-Komplex der „Lippischen Landes-Brandversicherungsanstalt", im Volksmund kurz als *Landes-Brand*" bezeichnet. 1994/95 entstanden die drei Büroblöcke auf etwa 33.000 qm Grundstücksfläche, sie bieten Platz für 300 Arbeitsplätze. Das hochmoderne Verwaltungsgebäude kann auch nicht verbergen, dass die darin arbeitende Firma fast zweieinhalb Jahrhunderte alt ist. Denn im Jahre 1752 hatte Simon August, Regierender Graf und Edler Herr zur Lippe, die „Brand-Assecurations-Ordnung" erlassen, nach welcher alle Gebäude in Lippe taxiert und eingetretene Brandschäden entschädigt werden mussten. Daraufhin werden allerorten „Feuerherren" eingesetzt, die alle Gebäude besichtigen und die Einhaltung der Brandschutzauflagen garantieren sollen. 1792 übernimmt die Brandkasse die Kosten der Anschaffung, Erhaltung und Ausrüstung der Feuerspritzen. 1925 schafft der Gesetzgeber die Möglichkeit für die Brand-

day. At the southern end of Neustadt "Obere Mühle" (the "upper" mills) was built in 1750, using the waters of "Berlebecke" brook that already drove "Mittelmühle" and "Untere Mühle" (middle and lower mills).

At the south-easterly end of Neustadt Friedrich Adolph had a stately house built for his second wife Amalie. This was first called "Favorite", after his death "Friedamadolphsburg". This stately house with a two storey central building and two single-storey wings, with its fine facade and a high gabled roof displayed a distinguished baroque splendour. In the second half of the 19th century the building was turned into a minor princely residence and has since then been called "Palais". After 1948/9 it lodged "Landesmuseum" and the Academy of Music. Today it is solely occupied by the Detmold Academy of Music. The former baroque gardens with their rigid pattern of a central axis flanked by rectangular squares and sloping terraces were turned into a landscape garden following English examples in 1849. About that time waterworks and fountains were added. A fountain pond, cyclops-walls, dolphin- and frog-fountains, all richly decorated with sculptures, were built then. Close to the nearby "Friedrichstaler" canal a turbine shed was built in 1855 to house the necessary pumping equipment delivered by a Wuppertal-based company. The originally estimated sum of 8,656 Taler for waterworks and fountains had meanwhile increased to the considerable amount of 30,600 Taler.

In 1965/68 the imposing black slated building of the Detmold Academy of Music was erected, housing a big concert hall and practising studios for orchestras, choirs and the sound engineer classes. In front of this "Aula" a thirteen-metre-high

dans tous les bâtiments si la protection contre l'incendie était respectée. En cas d'incendie tout le monde était obligé d'aider à éteindre le feu. En 1792, la caisse d'assurance prend en charge les coûts pour l'achat, l'entretien et l'équipement des lances à incendie. En 1925, la loi permet à la caisse d'assurance de se développer dans d'autres branches d'assurance et ainsi cette société monopole est devenue une caisse d'assurance „normale" qui doit s'affirmer face à la concurrence. Avec la création du Marché Commun de l'Union Européenne en 1994, le monopole dans l'assurance contre le feu prend fin et la compagnie „Lippische Landes-Brand" est une assurance comme toutes les autres. Le garant de l'institution est toujours la section de land Lippe, succédant juridiquement à l'ancien Etat Libre de Lippe. Aujourd'hui, la compagnie d'assurance „Landes-Brand" offre de nombreuses assurances que ce soit des assurances pour les bâtiments contre le feu, ou pour les véhicules ou enfin des assurances tous riques pour les avions. Avec un revenu provenant des cotisations s'élevant à 180 millions de DM, cette compagnie d'assurance reste quand même une des plus petites.

On peut qualifier les archives nationales comme étant „à la mémoire de l'état, de ses citoyens et citoyennes". En effet, elles conservent des documents administratifs, juridiques et d'autres documents du pays fédéral et de personnes privées venant du district administratif de Detmold. Le document le plus ancien que l'on trouve dans les archives date de 1207. Aujourd'hui, les documents remplissent plus de 20 kilomètres d'étagères. Le registre d'état civil étant rattaché aux archives nationales, ces dernières conservent en plus des documents d'état civil, des copies de livres d'églises et

Lippische Landes-Brandversicherungsanstalt

State of Lippe fire insurance agency

la „Lippische Landes-Brandversicherungsanstalt" - l'assurance contre le feu de Lippe

kasse, auch andere Versicherungszweige anzubieten. Damit ist aus dem Monopol-Unternehmen ein „normales" Versicherungsunternehmen geworden. Mit der Eröffnung des „Gemeinsamen Marktes" der Europäischen Union 1994 endet schließlich das Monopol in der Feuerversicherung, die Lippische Landes-Brand ist damit eine Versicherung wie viele andere auch. Gewährträger der Anstalt ist nach wie vor der Landesverband Lippe, Rechtsnachfolger des ehemaligen Freistaates Lippe. Heute bietet die Landes-Brand ein Bündel der verschiedensten Versicherungen an, von der Gebäude-Feuerversicherung über Kraftfahrzeug-Versicherungen bis hin zur Luftfahrzeug-Kaskoversicherung. Mit einem jährlichen Beitragsaufkommen von etwa 180 Millionen DM gehört die Anstalt dennoch zu den kleineren Regionalversicherern.

concrete sculpture by Carl Ehlers rises into the air, symbolising a giant clef, nicknamed "shashlik" by Detmold citizens.
Count Friedrich Adolph offered his subjects an access to the wooded hills south of the town via "Allee". His attempts at reducing the shortage of houses and fostering the builders' trade led to the building of "Friedrichstaler" canal, "Neustadt" and "Palais". A hundred years later Countess Pauline renewed this initiative and decided to plan a second "Neustadt" at the other bank of the canal. Thus she had a new and impressive house erected just opposite "Neustadt" in March 1818: a two storey building with a portico and columns (the first example of late-Classical architecture in Detmold). A lottery was planned to find an owner for this house in February 1819. 2000 lots (for five Taler each) were sold, 99 lots

de certains registres du district d'Arnsberg, Detmold et Münster. Afin de relier son château à la propriété agricole „Pöppingshausen" à la hauteur du Büchenberg, le comte Friederich Adolf a fait construire un canal d'une longueur de 1,2 km accessible aux bâteaux. En donnant comme raison que „ la résidence était de petite étendue, mais en même temps très peuplée", le comte Friedrich Adolf décréta en 1708 que celui qui faisait construire une maison à l'est de ce canal, était exempt de charges pendant 20 ans et il lui offrait gratuitement terrain et matériel. Les habitants de cette „Neustadt", „nouvelle ville", avaient les mêmes droits que ceux qui habitaient dans la cité, c'est-à-dire qu'ils avaient droit à une partie du pâturage communal, et surtout à une juridiction propre. Ainsi naquirent les premières habitations en dehors du mur médiéval de Det-

Als „Gedächtnis des Staates und seiner Bürger und Bürgerinnen" könnte man das *Staatsarchiv* Detmold bezeichnen. Denn es bewahrt in seinen Magazinen Unterlagen von Behörden, Gerichten und sonstigen Stellen des Landes und von Privatpersonen im Regierungsbezirk Detmold, soweit sie als „archivwürdig" erkannt wurden. Die älteste im Archiv bewahrte Urkunde stammt aus dem Jahre 1207. Heute füllen die Bestände mehr als 20 Regalkilometer. Das dem Staatsarchiv angegliederte Personenstandsarchiv Westfalen-Lippe bewahrt darüber hinaus Personenstandsurkunden, Abschriften von Kirchenbüchern und bestimmten Registern aus den Regierungsbezirken Arnsberg, Detmold und Münster.

Um sein Stadtschloss mit der Meierei Pöppinghausen auf der Höhe des heutigen Büchenberges zu ver-

gained prizes in cash, the main prize was the house itself. The winner was farmer Noltemeyer from Bremke, who had it auctioned in 1820. The new owner bought the adjacent plot as well and built another, more modest house right there. This was the starting point of "Allee" which was completed by 1850. In 1860 another row of houses opposite of "Neuer Krug"-inn completed "Allee" in this direction.

For years several vacant building sites were gaping on both sides of "Paulinenstraße" between "Allee" and "Bielefelder Straße", including the unused schoolyard of the former High School for Girls. The northern lots were owned by the town council, the southern ones belonged to "Sparkasse Detmold" (Detmold Savings Bank), the successor of "Allgemeine Leihkasse" of 1786. It was formed by a merger of a district

mold, ce fut une série de dix maisons à deux étages, chacune ayant cinq fenêtres et se trouvant sous le même toit. Pour terminer cette série est née en 1724 à la porte „Hornsches Tor" une maison d'angle où l'on trouve aujourd'hui l'hôtel „Lippischer Hof". Vers 1750 le moulin supérieur fut construit finalement au sud, sa roue était actionnée par l'eau du Berlebecke et avec le moulin du milieu et le moulin inférieur (dans le quartier de la rue „Wiesenstraße") il utilisait la force de l'eau du ruisseau „Berlebecke", du canal ainsi que celle de l'eau coulant le long des remparts.

Au sud de la „Neustadt", „la nouvelle ville", Friedrich Adold fit construire de 1708 à 1719 pour sa deuxième épouse Amalie un petit château qu'on appela tout d'abord „Favorite" puis „Friedamadolphsburg" après sa mort. La maison

Neustadt und Lippischer Hof

"new town" and "Lippischer Hof"-hotel

la rue „Neustadt" et l'hôtel „Lippischer Hof"

binden, hatte Graf Friedrich Adolf einen 1,2 km langen schiffbaren Kanal anlegen lassen. Mit der Begründung, dass „hiesige unsere Residentz Stadt von geringer etendue (Ausdehnung), gleichwohl dabey sehr Volckreich" sei, hatte 1708 Graf Friedrich Adolf ein besonderes Privileg erlassen, das jedem, der an der Ostseite dieses Kanales ein Haus bauen ließ, für 20 Jahre Lastenfreiheit, einen kostenlosen Bauplatz und freie Baumaterialien versprach. Die Bewohner dieser „Neustadt" sollten die gleichen Rechte genießen wie die Altstadtbewohner, Anteil an der städtischen Hude (Gemeinschaftsweide) haben und vor allem eine eigene Gerichtsbarkeit. So entstand als erste Siedlung außerhalb des mittelalterlichen Mauerrings Detmolds eine Zeile von zehn zweigeschossigen Reihenhäusern, jedes fünf Fensterachsen breit und unter einem gemeinsamen

savings bank and three other municipal savings banks. Sparkasse today is the biggest bank in Lippe. Between 1990 and 1993 this company reconstructed its main office building and added several extensions, thus filling most of the vacant lots. An area of 6.100 square metres was covered with buildings, offering room for 450 people working there, the main hall alone covering 2.550 square metres. About the same time a building contractor started to build a large office and shopping estate including a hotel on the opposite side of the street.

The municipal guild of brewers lodged at "Krumme Straße" No 20 well into the 19th century. In those days Adolf Hüppe had acquired the brewing-privilege for Detmold and he soon realised that the old premises at "Krumme Straße" were too small. His wife, however, was the

comprend une partie centrale à deux étages et deux ailes à un étage; le bâtiment, par le style différent de ses façades et son toit mansardé construit très en hauteur, est un exemple typique pour la pompe baroque. Pendant la deuxième partie du XIXième siècle, ce bâtiment qu'on appelait jusqu'ici „palais" a été transformé en un palais princier et enfin il fut aménagé en 1948/49 pour le musée et pour l'Université de Musique. Aujourd'hui il héberge l'Université de Musique.
L'ancien jardin baroque avec son schéma symétrique constitué de parcelles carrées et de terrasses a été transformé en 1848 en un jardin anglais. En même temps on lui donna un nouvel éveil en y ajoutant des jeux d'eau. Ce faisant, il a semblé nécessaire de créer des oeuvres plastiques lors de l'installation des fontaines. Sont néées les unes après les autres différentes formes de fon-

Mansarddach. Als Abschluss dieser Reihe entstand am Hornschen Tor 1724 ein Eckhaus, das heute den „Lippischen Hof" beherbergt.

Um 1750 schließlich wurde am Südende die Obere Mühle errichtet, deren Mühlrad von der Berlebecke angetrieben wurde und die neben Mittelmühle und Unterer Mühle (im Bereich der heutigen Wiesenstraße) die Wasserkraft von Berlebecke, Kanal, Wallgraben und Mühlengraben nutzte.

Am Südende der Neustadt ließ Friedrich Adolf 1708 bis 1719 als Witwensitz für seine zweite Gemahlin Amalie ein zunächst „Favorite", nach seinem Tode „Friedamadolphsburg" genanntes Schlösschen errichten. Das Haus, aus einem zweistöckigen Mittelbau und zwei einstöckigen Seitenflügeln bestehend, bot mit seinen vielfach gegliederten Fassaden und den hoch ge-

owner of a large plot on the northern slope of the "Weinberg" area. The necessary buildings were planned and the new "Actien-Brauerei" was opened on September 24th, 1863. "Strate Brauerei", this is the new name of the company, can still be found here today. Behind the old walls the latest brew-ing technology is installed to produce the popular "Detmolder Pilsener" lager in great quantities.

About 1890 the local military authorities ordered Detmold town council to supply barracks for two companies. The two parties finally agreed on an area covering four hectares between "Emilienstraße" and "Obere Straße" (now "Bielefelder Straße"), which the town had to buy, to furnish with necessary buildings and infrastructure and then to hire out to the military authorities. The town council even

taines: étang, rocher, dauphin, grenouille. Près du canal „Friedrichstal" on trouve la maison aux turbines avec ses machines qui date de 1855. Au lieu de la somme de 8 656 thalers, l'installation des jeux d'eau a coûté finalement 30 600 thalers. De 1965 à 1968 on a bâti dans le jardin du palais la salle d'audition pour l'Université de Musique d'après les plans du directeur de construction Kurt Wirsing, ce bâtiment imposant recouvert d'ardoises noires contient en plus de sa salle de concert pour 600 spectateurs, des salles de travail pour orchestre, chorale et futurs ingénieurs du son. Devant lui s'élève une stèle en béton blanc de 13m du sculpteur Karl Ehlers qui symbolise une clef, mais qui, dans le langage courant, est nommée „Schaschlik".

C'est le comte Friedrich Adolf qui, par la construction de l'"Allee",

Sitz der Hochschule für Musik: Palais

"Palais": housing the Academy of Music

l'Université de Musique le palais

bauten Mansarddächern das Bild barocker Prachtentfaltung. In der zweiten Hälfte des 19. Jahrhunderts wurde das seither „*Palais*" genannte Gebäude zu einem fürstlichen Palais umgebaut und zuletzt 1948/49 für die Zwecke von Landesmuseum und Musikakademie umgestaltet. Heute beherbergt es die *Hochschule für Musik*.
Der ehemalige Barockgarten mit dem starren Schema eines auf die Mittelachse geordneten Systems rechteckiger Felder und ansteigender flacher Terrassen wurde nach 1849 in einen *Landschaftsgarten* nach englischen Vorbildern umgestaltet. Zur gleichen Zeit etwa begann man, diesen Garten durch eine Wasserkunst zu beleben. Dabei glaubte man, auf eine Ausstattung der *Brunnenanlagen* mit Werken der Kleinplastik nicht verzichten zu können. Fontänenteich, Cyclopenmauer mit einer weiteren Fontäne,

employed a special architect for the project, Paul Schuster from Dresden. The new barracks were handed over to the military authorities on time in October 1904: troop rooms for two companies, unit clothing stores, a drill ground, vehicle sheds and other buildings. In the 1930's the "Wehrmacht" added more troop rooms and office buildings. 1945 the whole area was taken over by the British Rhine Army until the British troops left Detmold in 1994.
The town council had reserved a larger building site north-west of the barracks and started to build a new Catholic Primary School ("Bachschule") immediately after the departure of the last British troops. "Bachschule" had been waiting for these new buildings for quite some time. The old military drill gym was reconstructed as a modern school gym without de-

permit aux habitants de Detmold de se rendre aux collines boisées du sud. Son initiative d'éveiller l'activité du bâtiment et de diminuer le manque de logements aboutit à l'aménagement du canal „Friedrichstal" et à la construction de la „Neustadt" et du Palais. Cent ans plus tard, c'est la princesse Pauline qui prit l'initiative de bâtir derrière l'"Allee" une deuxième „Neustadt". Ainsi, elle fit bâtir en mars 1818 une maison imposante en face de la „Neustadt": un bâtiment à deux étages avec un escalier extérieur et un portique (le premier exemple néo-classique à Detmold). La propriété de cette maison, Allee 1, fut mise à prix. En février 1819, 2000 billets furent vendus au prix de 5 thalers; 99 billets donnaient droit à de l'argent et le premier prix était la maison. L'heureux gagnant fut l'agriculteur Noltmeyer de Bremke qui cependant mit la maison aux

Im Palaisgarten
"Palais" gardens
le jardin du palais

Blick aus dem Palaisgarten ▷
View from the "Palais" gardens
près du jardin du palais

Neue Aula der Hochschule ▽
für Musik
*new concert hall,
Academy of Music*
*la salle d'audition
de l'Université de Musique*

87

Delphin- und Froschfontäne entstanden nacheinander. Am nahen Friedrichstaler Kanal wurde 1855 das Turbinenhaus errichtet und mit der Maschinenanlage einer Barmer Firma bestückt. Statt der zunächst veranschlagten Summe von 8.656 Talern hatte die Anlage der Wasserkunst am Ende 30.600 Taler gekostet. 1965 bis 1968 entstand im Palaisgarten nach Plänen des Regierungsbaudirektors Kurt Wirsing die *Aula der Hochschule für Musik*, ein mit schwarzem Schiefer verblendeter imponierender Bau, der neben einem Konzertsaal für 600 Zuhörer Übungsräume für Orchester, Chor und Tonmeisterstudenten enthält. Vor ihm erhebt sich eine 13 m hohe weiße Beton-Stele des Bildhauers Karl Ehlers, einen Notenschlüssel symbolisierend, aber vom Volksmund liebevoll „Schaschlik" genannt.

Graf Friedrich Adolph war es auch stroying its historical shell. The state of North Rhine-Westphalia acquired the other barracks. Here "Fachhochschule Lippe" college received new buildings for its civil engineering and traffic and transportation engineering departments. Thus male and female students cram for their examinations in former officers' messes while the parading grounds do not ring any longer with drill-sergeants' orders as they have been converted into a peaceful campus by the students.

Some hundred metres further up "Bielefelder Straße" we find the main building of the Detmold branches of "Fachhochschule Lippe", Lemgo. Architects and interior designers are trained here. Their busy activities have often resulted in various plans and blueprints for new buildings or their interior design which have sometimes led to some

enchères en 1820. Le nouveau propriétaire acheta plus tard le terrain voisin et fit construire dessus une maison d'habitation de style beaucoup plus simple. Jusqu'au milieu du siècle s'élevèrent les autres maisons de la rue „Allee". Ce n'est qu'en 1860 que fut construite la série de maisons en face du restaurant „Neuer Krug" et c'est ainsi que la rue „Allee" obtint sa physionomie définitive.

Pendant de longues années il y avait entre la rue „Paulinenstraße" et la rue „Allee" des terrains à bâtir inoccupés, entre autres la cour de l'ancienne école. La ville de Detmold était propriétaire du côté nord, tandis que la „Sparkasse" (la caisse d'épargne) possédait le côté sud. Cette banque est une descendante de l' „Allgemeine Leihkasse"(1786) et prit naissance lors de la fusion de la „Kreissparkasse" et de trois „Stadtsparkassen". C'est le plus

An der Allee
a view of "Allee"
la rue „Allee"

Burggraben mit Museum   castle moats and museum   *la douve et le musée*

Wallgraben   "Wallgraben"   le fossé du rempart

gewesen, der durch die Anlage der Allee den Detmoldern einen Weg aus der Stadt zu den waldigen Hügeln an ihrem Südrand schuf. Seine Initiative zur Belebung der Detmolder Bauwirtschaft und zur Milderung der Wohnungsnot hatte außerdem zur Anlage des Friedrichstaler Kanals und zum Bau von Neustadt und Palais geführt. Hundert Jahre nach ihm ergriff Fürstin Pauline nun ihrerseits die Initiative und beschloss, „hinter der Allee eine zweyte Neustadt aufzuführen". So ließ sie im März 1818 gegenüber der Neustadt ein stattliches Wohnhaus errichten: ein *zweistöckiges Gebäude* mit Treppenvorbau und Säulenportikus (und somit ein erstes Zeugnis des Klassizismus in Detmold). Das Eigentum an diesem Haus Allee 1 sollte ausgelost werden. Im Februar 1819 wurden 2.000 Lose zu je 5 Thalern ausgegeben; auf 99 Lose fielen Geldgewinne, der Hauptgewinn war das Haus. Glücklicher Gewinner war der Bauer Noltemeyer aus Bremke, der es allerdings 1820 versteigern ließ. Der Erwerber kaufte später das Nachbargrundstück und ließ darauf ein weiteres, allerdings wesentlich schlichteres Wohnhaus errichten. Damit war der Anfang gemacht. Bis zur Jahrhundertmitte entstanden mal mit größeren, mal mit kleineren Pausen auch die weiteren Häuser der Allee bis zur Palaisstraße. Erst 1860 wurde die *Häuserzeile* schräg gegenüber dem *Neuen Krug* erbaut und damit die Bebauung der Allee beendet.

Lange Jahre klafften beiderseits der Paulinenstraße zwischen Allee und Bielefelder Straße zahlreiche Baulücken, den seit Jahren nicht mehr genutzten Schulhof des Lyzeums eingeschlossen. Grundeigentümer war an der Nordseite die Stadt, an der Südseite (zum Schluss) die Sparkasse Detmold. Diese ist eine Nachfolgerin der Allgemeinen Leihekasse debating among local politicians and businessmen. The interior design college is still the biggest institution of its kind in Germany. Many students, of course, have had their difficulties to find suitable (and affordable) digs in and around Detmold. Thus it was a lucky coincidence that a private building contractor erected a big students' hostel close to "Fachhochschule".

Another branch of "Fachhochschule Lippe", the food technology department, has only recently moved to the former county jail at "Georg Weerth Straße", which had been used for different purposes for quite a long time and which served as a British barracks before.

The new "Kreishaus", seat of the administration and parliament of the District of Lippe, was built on the northern slope of "Hiddeser Berg". In January 1973 the former districts of Detmold and Lemgo were combined to "Kreis Lippe" district and Detmold was chosen as the seat of the district administration. The new buildings were to be erected "somewhere" at the northern outskirts of the town. This vague description led to heated debates lasting two years. When the district parliament finally gave in, "Kreishaus" was opened on October 16th, 1981. Covering 6,500 square metres it offers 800 workplaces in offices and a range of conference rooms for the members of parliament. The District of Lippe authorities "govern" 354,000 inhabitants living in 10 towns and 6 larger communities, an area of 1,250 square kilometres, the longest north-to-south distance spanning 45 kilometres; the highest point is "Köterberg" hill, 496 metres above sea level. 480 kilometres of district roads have to be maintained, the traffic authorities license 240,000 grand institut financier de Lippe. Entre 1990 et 1993, la „Sparkasse" de Detmold transforma son siège principal et en profita pour l'agrandir. Sur un terrain de 12 000m², fut construite une surface de 6 100m², ce qui permet à la banque d'employer environ 450 personnes et d'avoir de la place à la disposition de ses clients. Le hall principal s'étend à lui seul sur 2 550m². Presqu'en même temps, une entreprise de construction privée commençait à construire, sur un terrain se trouvant de l'autre côté de la rue des magasins, des bureaux et un hôtel. Jusqu'au milieu du XIXième siècle, le bureau communal des brasseurs se trouvait au numéro 20 de la rue „Krumme Straße". A l'époque, Adolf Hüppe avait repris le droit de brasser et très vite la capacité qu'on avait dans la rue „Krumme Straße" ne suffisait pas. La femme de Hüppe était propriétaire d'un grand terrain sur le côté nord du vignoble. Hüppe y fit construire les bâtiments nécessaires et ouvrit le 24 septembre 1863 la nouvelle brasserie. Aujourd'hui encore on trouve à cet endroit la brasserie Strate. Derrière la façade classée monument historique, se trouve une installation très moderne où est brassée la bière „Detmolder Pilsener" tant appréciée. En 1890 l'admistration militaire exigea de la ville de Detmold de mettre à sa disposition une nouvelle caserne pour deux compagnies. On se mit finalement d'accord sur un terrain d'environ de 4ha entre la rue „Emilienstraße" et la rue „Obere Straße" appelée aujourd'hui „Bielefelder Straße". La ville devait acheter ce terrain, y construire les bâtiments nécessaires pour enfin les louer à l'administration militaire. La ville engagea pour ce projet le maître de construction Paul Baumeister de Dresde. A la date prévue, le 1er octobre 1904, la caserne a pu être remise à l'administration mili-

Sparkasse Detmold
Detmold savings bank
la caisse d'épargne de Detmold

Kundenhalle
central hall
le hall

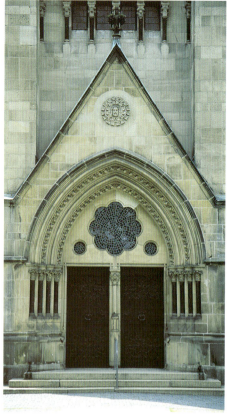

Christuskirche, Portal und Turm
"Christuskirche" church, portal and spire
l'église „Christuskirche", le portail et la tour

Ehemaliges Sinalco-Haus ▷△
former building of "Sinalco" soft-drink company
l'ancienne maison „Sinalco"

Bahnhofsvorplatz ▷▽
at the railway station
la place devant la gare

Häuser aus der Gründerzeit (Hermannstraße) *promoterism-period buildings after 1870 (Hermannstraße)* *maisons datant des années après 1870 (la rue „Hermannstraße")*

aus dem Jahre 1786 und entstand aus dem Zusammenschluss der Kreissparkasse Detmold mit *drei Stadtsparkassen.* Sie ist das größte Geldinstitut Lippes. 1990 bis 1993 baute die Sparkasse Detmold ihr Hauptgebäude um und ergänzte es durch umfangreiche Anbauten. Auf dem fast 12.000 qm großen Grundstück wurde eine Fläche von 6.100 qm überbaut, das schuf Platz für etwa 450 Mitarbeiter und Raum und Räume für die Kunden der Sparkasse. Allein die große Kundenhalle umfasst 2.550 qm. Nahezu zeitgleich begann ein privates Bauunternehmen das auf der gegenüberliegenden Straßenseite gelegene Grundstück zu bebauen. Dort entstanden ein Büro- und Geschäftshaus und ein Hotel.

Bis über die Mitte des 19. Jahrhunderts hinaus war das städtische Braueramt (die Gilde der Bierbrauer also) im Haus Krumme

vehicles. The district is responsible for four vocational training schools, five special schools, two homes for the young, two homes for the aged and three hospitals. The 61 members of the district parliament meet regularly to discuss, among other things, the annual budget of 570 million DM.

At the beginning of the last decade of the 20th century, following the collapse of the Soviet Union, an unexpected surge of late repatriates from Russia arrived in Germany. Many of them decided to move to Detmold and Lippe. Together with an ever increasing number of asylum-seekers from all over the world their arrival led to an unforeseen shortage of homes. In 1992 the local authorities estimated that about 2300 houses or flats were needed as 5.267 late repatriates had arrived between 1987 and 1992. The town council reacted quickly. By 1994

taire. A l'époque étaient prévus un bâtiment pour deux compagnies, un bâtiment commercial, un magasin d'habillement, un hall de sport, une maison d'habitation et un hangar pour les véhicules. Dans les années trente l'armée fit construire deux nouveaux bâtiments pour les soldats et l'administration. En 1945 l'armée britannique prit possession de tout le terrain et le libéra définitivement en été 1994. La ville s'était fait réserver assez tôt une importante surface au nord-ouest de la caserne et commença aussitôt à construire un bâtiment scolaire pour l'école primaire „Bachschule". Cette dernière était hébergée dans les anciens bâtiments scolaires de l'école de confession catholique qui s'était très vite avérée trop petite. Donc, l'école primaire put s'installer dans de nouveaux locaux, à un étage, érigés dans la partie arrière de la caserne „Emilienkaserne"; le

Brauerei Strate
Strate's brewery
la brasserie Strate

Straße 20 untergebracht. Damals hatte Adolf Hüppe die Braugerechtsame übernommen und bald schon reichte die Kapazität an der Krummen Straße nicht mehr aus. Hüppes Frau war Eigentümerin eines größeren Grundstückes am Nordhang des Weinberges. Dort ließ er die notwendigen Gebäude errichten und eröffnete dort am 24. September 1863 die „*Actien-Brauerei*". Bis heute befindet sich die Brauerei Strate, wie sie nun heißt, an diesem Ort. Hinter der denkmalgeschützten Fassade befindet sich eine hochmoderne Anlage und das dort handgebraute „Detmolder Pilsener" erfreut sich großer Beliebtheit.

Einige hundert Meter weiter stadtauswärts stoßen wir auf das Hauptgebäude der Abteilung Detmold der *Fachhochschule Lippe* (die ihren Sitz im benachbarten Lemgo hat). Hier ist der Fachbereich Architektur mit den Studiengängen Baugestaltung und Innenarchitektur untergebracht.

Am Ende eines langen und lauten öffentlichen Streites entstand in den Jahren 1978 bis 1981 am Nordhang des westlichen Hiddeser Berges das Kreishaus, Sitz der Verwaltung und des Parlamentes des Kreises Lippe. Am 1. Januar 1973 hatte das Land Nordrhein-Westfalen die beiden lippischen Kreise Detmold und Lemgo zum Kreis Lippe zusammengeschlossen. Dabei war *Detmold als Kreissitz* festgesetzt worden, die neu zu errichtende Kreisverwaltung sollte „im Norden der Stadt Detmold" erbaut werden. Um diese Ortsbestimmung entbrannte der politische Streit, der zwei Jahre lang andauerte. Dann gab der Kreistag nach, Planung, Bauvorbereitung und schließlich Bau konnten beginnen.

Am 16. Oktober 1981 konnte das neue Kreishaus eingeweiht werden, das auf einer Fläche von 6.500 qm etwa 800 Büroarbeitsplätze und

provisional accommodation for 2,000 people was made available, six provisional lodgings were built at "Fechenbachstraße" close to "Kreishaus", housing 450 people alone. At the upper end of "Fechenbachstraße" Russian-German congregations erected their first "Bethaus" (prayer house). Private initiatives and activities made it possible to complete these enterprises without drawing on public funds.

Towards the end of World War II the "Reichsanstalt für Getreideverwertung" (Reich Institute for Cereals) was evacuated from Berlin to Detmold where it found new quarters at "Schützenberg". As early as July 1946 a first conference was organised and the "Bundesanstalt für Getreide- Kartoffel- und Fettforschung" (Federal Institute for Potato, Cereal and Fat Research) has become an internationally acknowledged institute for scientific research, advertising Detmold's name all over the world.

For years the unfinished building of a department store and the burnt-out ruins of a furniture factory marked the western boundaries of Detmold. Today the buildings of "Dietrich-Bonhoeffer" vocational school, of the Employment Agency and of "Deutsche Telecom" form a more attractive end of "Elisabethstraße", on the western fringes of the town.

At the opposite boundary of Detmold the modern glass-and-steel structure of the GILDE-centre rises. The name GILDE (an allusion to medieval "guilds" is intended) was formed by the first letters of "**Ge**werbe- und **I**nnovationszentrum **L**ippe-**De**tmold" (Centre for Commerce and Innovation Lippe-Detmold). It is the aim of this institution to offer young businesspeople who start their first enterprises and new small companies a suitable and

hall de sport dont la façade est classée monument historique fut transformé en un hall moderne pour le sport scolaire. Le pays fédéral „Nordrhein-Westfalen" acheta la surface restante de la caserne pour pouvoir y installer certaines sections de l'école supérieure de Detmold. Là où était le mess des officiers se trouve aujourd'hui des salles d'audience où travaillent des étudiants. On n'entend plus de commandements militaires dans la cour, mais cette dernière est devenue un campus pour les étudiants.

A quelques kilomètres du centre de la ville, on trouve le bâtiment de la section Detmold de l'école supérieure de Lippe dont le bâtiment principal est à Lemgo. Ici sont hébergées les sections architecture et architecture d'intérieur. Les étudiants sont très actifs et dans le passé, ils ont conçu des projets, entre autres pour des bâtiments, pour leur décoration intérieure et ces derniers ont enrichi les débats économiques ou politiques. La section architecture d'intérieur reste la plus importante en République Fédérale. Naturellement les étudiants ont des difficultés à trouver un logement adéquat et qui leur est accessible financièrement. Par chance, une entreprise privée construisit près de l'école une cité universitaire qui a résolu en partie les problèmes de logement. Une autre section de l'école, la technologie des aliments, se trouve dans l'ancien établissement pénitentiaire de la rue „Georg-Weerth-Straße". Cette prison a été pendant de longues années désaffectée et finalement utilisée en tant que caserne par les Britanniques.

Après un long débat, la „Kreishaus", le siège de l'administration et du Parlement du canton Lippe, fut créée dans les années 1978-1981 sur le versant nord de la colline ouest de Hiddesen. Le 1er jan-

Kreishaus, Sitz der Kreisverwaltung Lippe — *Lippe district authorities' building* — *la „Kreishaus", le siège de l'administration du canton Lippe*

mehrere Sitzungsräume für die Politik umfaßt.
Der Kreis Lippe, der von hier aus „regiert" wird, hat 354.000 Einwohner, die in zehn Städten und sechs Großgemeinden leben. Seine Fläche umfasst 1.250 qkm, die größte Nord-Süd-Ausdehnung beträgt 45 km, sein höchster Punkt ist der Köterberg mit 496 m Höhe. Er ist zuständig für 480 km Kreisstraßen, 240.000 Kraftfahrzeuge hat sein Straßenverkehrsamt zugelassen. Er unterhält vier berufsbildende Schulen, fünf Sonderschulen, zwei Jugend- und vier Altenheime und ist einziger Gesellschafter einer GmbH, die drei Kliniken unterhält. Der Kreistag besteht aus 61 Abgeordneten, sein Haushalt umfasst eine Gesamtsumme von 570 Millionen DM.
Anfang der 90er Jahre des 20. Jahrhunderts begann nach dem Zusammenbruch der Sowjetunion ein un-

fully equipped accommodation to foster their creative activities.
GILDE provides adjustable offices and the latest communication facilities as well as management and operational services. In the adjacent "Gilde-Park" a commercial area of 40 hectares is provided especially for small and mid-size companies and businesses as well as for research and development institutions. This park-like area has been composed according to the latest standards of civil engineering and architectural planning.

On "Grotenburg" hill (380 metres high) the Hermann Monument (often dubbed "Hermann the German" by British soldiers) rises from "Teutoburger Wald" forest. It reminds us of a historic figure we know only by his Latin name "Arminius". But this monument also tells the story of another man, who

vier 1973, le pays fédéral „Nordrhein-Westfalen" a regroupé les deux cantons de Detmold et Lemgo en un canton, celui de Lippe. Detmold a été choisi comme chef-lieu, et la nouvelle administration devait se trouver „au nord de la ville de Detmold". Le choix du terrain provoqua un débat politique qui dura deux ans. Finalement le conseil du canton céda et la planification, les préparations et enfin la construction purent commencer. Le 16.10.1981, la nouvelle administration a pu être inaugurée, le bâtiment comprend 6 500m^2, environ 800 emplois ainsi que plusieurs salles de conférences à but politique.

Le canton de Lippe a une population de 354 000 habitants qui vivent dans 10 villes et 6 grandes communes. Sa superficie s'étend sur 1 250m^2, la plus grande distance nord-sud compte 45 km, son point

Dietrich-Bonhoeffer-Berufskolleg

"Dietrich-Bonhoffer" vocational training college

l'école professionnelle „Dietrich-Bonhoeffer-Berufskolleg"

Arbeitsamt, Skulptur „Ariel" (Brigitte und Martin Matschinsky, Berlin 1991)

employment agency, sculpture "Ariel"

le bureau d'emploi, la sculpture „Ariel"

Arbeitsamt

employment agency

le bureau d'emploi et de placement

103

Gildezentrum
"Gilde" centre of commerce
le centre Gilde

erwartet großer Zustrom russlanddeutscher Familien in die Bundesrepublik. Auch Detmold war das Ziel vieler dieser Familien, und da zur gleichen Zeit die Zahl der ins Land kommenden Asyl suchenden anwuchs, entstand auch in Detmold eine seit langem nicht mehr gekannte Wohnungsnot. Am Ende des Jahres 1992 konstatierte das Amt für Wohnungswesen der Stadt Detmold ein Wohnungsdefizit von 2.300 Wohnungen. Allein in den Jahren 1987 bis 1992 waren 5.267 Aussiedler nach Detmold gekommen. Fieberhaft reagiert die Stadt. Bis 1994 werden Übergangswohnheime für Aussiedler geschaffen mit einer Gesamtkapazität von fast 2.000 Personen. Sechs dieser Übergangswohnheime wurden allein oberhalb der Kreisverwaltung beiderseits der Fechenbach-Straße als Neubauten errichtet, in ihnen können 450 Personen untergebracht werden. Hier am oberen Ende der Fechenbachstraße errichteten Russlanddeutsche ihr erstes Bethaus. Dank fleißiger Eigenarbeit und persönlicher Opferbereitschaft konnte dieses zeitgemäß ausgestattete Gebäude ohne auch nur den geringsten Zuschuss aus Steuermitteln errichtet werden.

Am Ende des letzten Weltkrieges wurde die „Reichsanstalt für Getreideverwertung" von Berlin nach Detmold evakuiert, wo sie im ehemaligen Schützenhaus auf dem Schützenberg eine Unterkunft fand. Bereits im Juli 1946 veranstaltet sie eine Fachtagung und ist seitdem in Detmold fest installiert. Die „Bundesanstalt für Getreide-, Kartoffel- und Fettforschung" wie sie heute heißt, ist ein international bekanntes und renommiertes Institut für Wissenschaft und Forschung, und ihre alljährlich stattfindenden international besuchten Fachtagungen haben Detmolds Namen mit bekannt gemacht.

dedicated more than forty years of his life to fulfilling his personal dream: Ernst von Bandel. Already as a young man of nineteen he had wished to praise the "liberator of Germany from the Roman yoke". When hiking in the "Teutoburger Wald" forest in 1834 he was convinced that he had found the theatre of the legendary battle of 9 BC on "Grotenburg" hill. He advertised his idea in public, received a virtual flood of donations and by 1846 the pedestal of the Hermann Monument was finished. But the works had to be stopped as money was running out. As late as 1863 Bandel was able to commence working on the statue itself, later financially backed by Kaiser and Reich. August 16th, 1875, saw the unveiling of the monument in the presence of Kaiser Wilhelm I. 57 metres high, the impressive figure raises a sword westward – in the direction of France, as the hatred against this "arch-enemy" had meanwhile replaced the pride of having beaten the Romans centuries ago. Thus Bandel wrote in one of the inscriptions."...all German nations allied with Prussia have victoriously chastised French insolence. August 1870 – January 1871." And the blade of the sword (seven metres long) bears the inscription "German unity – my strength / My strength – Germany's might".

Ernst von Bandel could enjoy the completion of his lifelong dream only for about a year, he died in Neudegg in 1876. Monument, buildings and the surrounding park are today kept by a foundation under the auspices of "Landesverband Lippe".

Even today the actual site of the famous battle of 9 AD has not been located with certainty, even though more than 150 different theories have been put forward in the course of time. There is some certainty, at

culminant est la colline „Köterberg" avec ses 496m d'altitude. Le canton est responsable pour 480 km de routes, et son service du trafic routier a autorisé 240 000 véhicules à circuler. Il entretient 4 écoles à formation professionnelle, 5 écoles spéciales pour enfants ayant des difficultés scolaires, 2 foyers de jeunes et 4 maisons de retraite et est le seul associé d'une S.A.R.L. qui entretient 3 cliniques. Le conseil comprend 61 députés, son capital est de 570 millions de DM.

Au début des années 90, après l'écroulement de l'Union Soviétique, affluèrent en masse et de façon inattendue des familles russes d'origine allemande qui voulaient revenir en Allemagne Fédérale. Detmold a été le but de beaucoup de ces familles, et comme en même temps le nombre de demandeurs d'asile augmentait, Detmold connut un problème de logement. A la fin de l'année 1992, le service logement de la ville de Detmold constata un déficit de 2 300 logements. Pendant les années 1987-1992, 5 267 „Aussiedler", des Russes d'origine allemande, étaient arrivés à Detmold. La ville devait réagir rapidement; jusqu'en 1994 ont été constitués des foyers de transition pour environ 2 000 personnes. Six de ces foyers furent construits au dessus du bâtiment de l'administration du canton, de chaque côté de la rue „Fechenbachstraße"et ils purent accueillir 450 personnes. Au bout de la rue „Fechenbachstraße", les Russes d'origine allemande ont installé leur première maison de prière. Grâce à leur courage et leur sacrifice personnel, cette maison put être construite sans la moindre aide financière de la ville.

A la fin de la deuxième guerre mondiale, „l'institution impériale pour l'utilisation des céréales" fut évacuée de Berlin et transférée à Detmold, dans l'ancienne maison de la

Hermannsdenkmal   *Hermann monument*   *le monument d'Arminius*

Wo noch vor wenigen Jahren die Bauruine eines SB-Kaufhauses und die Brandruine einer Möbelfabrik den westlichen Rand der Detmolder Kernstadt markierten, bilden heute die öffentlichen Gebäude der *Dietrich-Bonhoeffer-Berufsschule*, des *Arbeitsamtes* und der Niederlassung der Deutschen Telekom auch optisch den Abschluss der aus der Stadtmitte nach Westen führenden Elisabethstraße.

Am anderen Ende der Detmolder Innenstadt erhebt sich über dem nach Osten hin abfallenden offenen Gelände seit 1993 der moderne Glas-Stahl-Bau des „*GILDE-Zentrums*". Gebildet wurde der Name GILDE aus Wortanfängen des Langnamens „Gewerbe- und Innovationszentrum Lippe-Detmold". Aufgabe dieser Einrichtung, die von der Stadt Detmold und zwei Partnern als G.m.b.H. betrieben wird, ist es, Existenzgründern und mittelständischen Unternehmen einen Unternehmensstandort zu bieten, der ihnen innovative Aktivitäten ermöglicht oder erleichtert. Im Gebäudekomplex des GILDE-Zentrums stehen flexible Raumgrößen für individuelle Mietverhältnisse zur Verfügung, werden betriebswirtschaftliche Beratungsleistungen angeboten, steht moderne Informations- und Kommunikationstechnik zur Verfügung. Im davorliegenden GILDE-Park, 40 Hektar groß, ist ein Gewerbegebiet vorrangig für kleine und mittlere Firmen bereitgestellt, für produzierendes Gewerbe, Dienstleistungsunternehmen sowie für Forschungs- und Entwicklungseinrichtungen. Das parkähnliche Gewerbegebiet wurde nach neuesten städtebaulichen Gesichtspunkten gestaltet.

Auf der Grotenburg (380 m hoch) erhebt sich über die bewaldeten Höhen des Teutoburger Waldes das *Hermannsdenkmal*, gewidmet einem Manne, von dem wir nur seileast, about the fact that the "Grotenburg" area was fortified in Roman times thus offering a refuge for the people living in the area. The fortification consisted of a 4 metre wide wall of large boulders on the one side and of a lower mound and palisades on the other. These differences can best be explained by the difficult geological conditions of the area that had to be fortified. The small spring, which had already been of considerable importance for a pre-Roman iron-age fortification, can still be located in a small pond in the area. As no traces of settlements have been found the whole structure can be explained as a refuge fortification in times of war, dating back to the "Laténe" period beginning in 500 BC, although its sheer size renders it unique among all known fortifications in the area.

The bird and flower park, Heiligenkirchen, at the bottom of "Schling"-hill (dubbed "Lippe Switzerland") shows about 2000 different native and exotic birds. In large aviaries and open-air enclo-sures interesting species such as tiny Chinese bantams, talking parrots and cockatoos can be seen. In the breeding station visitors can watch how young parrots are raised. Later they can listen to a whole "birdcall-concert" or accompany a keeper on his feeding tour.

On a hill-top above Berlebeck the falconer Adolf Deppe founded "Adlerwarte", a birds of prey sanctuary, which has developed into Europe's biggest and oldest sanctuary of this kind. Visitors can study more than 35 different birds of prey not only in large aviaries but also in open-air grounds. Every day visitors are fascinated when huge eagles can be seen soaring majestically into the sky or when lugger-falcons dive down from extreme heights to seize the lure from the falconer's fist.

société de tir sur la colline „Schützenberg". Déjà en juillet 1946 elle organisa son premier séminaire et depuis, elle est bien installée à Detmold. „L'institution nationale pour la recherche dans le domaine des céréales, des pommes de terre et des matières grasses", comme elle s'appelle aujourd'hui, est un institut pour la recherche et pour les sciences de renommée internationale et grâce à ses séminaires qui ont lieu chaque année, la ville de Detmold s'est fait ainsi connaître.

La partie ouest du centre de la ville était marquée il y a encore quelques années, par la ruine d'un supermarché et les restes d'une usine de meubles incendiée, aujourd'hui les bâtiments de l'école professionnelle „Dietrich-Bonhoeffer", l'ANPE et la filiale de la Telekom allemande donnent une nouvelle optique à la rue „Elisabethstraße" qui part du centre pour s'étendre vers l'ouest.

A l'autre bout de la ville se dresse sur un terrain légèrement en pente vers l'est une construction en verre et en acier, c'est le centre „Gilde". Le mot „Gilde" comprend les initiales de „Gewerbe- und Innovationszentrum Lippe-Detmold", „centre d'activité professionnelle et d'innovation de Detmold-Lippe". La tâche de cette institution qui est dirigée par la ville et par deux partenaires en tant que S.A.R.L., est d'offrir aux entreprises débutantes et aux entreprises moyennes un lieu de travail, leur permettant et leur facilitant ainsi l'accès à des activités innovatrices. Dans ce centre, la grandeur des bureaux peut être adaptée aux besoins du locataire grâce à des cloisons ammovibles, des services de conseil relatifs à la gestion d'entreprise sont offerts et une technique moderne d'information et de communication est mise à la disposition. Une superficie de 40 hectares devant le centre est réservée princi-

Bandeldenkmal
"Bandel" monument
le monument de Bandel

Bismarckstein
"Bismarck" monument
Bismarck – plaque commémorative

Gedenktafel: Kaiser Wilhelm I
Commemoratives tablet: Emporer "Wilhelm I"
Plaque commemorative: De l'empereur „Wilhelm I"

nen lateinischen Namen Arminius kennen. Dieses Denkmal ist die Geschichte eines Mannes, der mehr als vier Jahrzehnte seines Lebens dieser Idee geopfert hat: Schon der neunzehnjährige Ernst von Bandel wollte dem „Befreier Germaniens vom römischen Joch" ein bleibendes Denkmal setzen. Als er 1834 durch den Teutoburger Wald wanderte, glaubte er auf der Grotenburg den Schauplatz der historischen „Schlacht im Teutoburger Walde" des Jahres 9 n. Chr. gefunden zu haben. Er mobilisierte eine breite Öffentlichkeit, erreichte eine Flut von Spenden, und im Jahre 1846 stand der Sockel des von ihm entworfenen Denkmals. Aber Ernst von Bandel musste die Arbeiten einstellen, der Spendenfluss war versiegt. Erst 1863 konnten die Arbeiten fortgesetzt werden, nun auch von Kaiser und Reich finanziell unterstützt. Am 16. August 1875

More than 50,000 visitors come to watch these attractions every year. But the sanctuary also plays an important role in preserving natural wildlife: many of the birds of prey raised here are later transferred to their natural habitats, which helps to prevent these species from becoming extinct. The sanctuary has successfully reared exotic species, such as Bengal horn-owls or steppe-eagles, and more than 200 injured or abandoned birds are being taken care of every year.

As early as 1953 the Regional Federation of Westphalia and Lippe developed the idea of establishing a large-scale Open Air Museum of Rural History and Culture for showing, preserving and investigating all forms of Westphalian farm and village life, but only in 1960 the final decision about its location was taken in favour of Detmold. An area of approximately 80 hectares

palement à des petites et moyennes entreprises ainsi qu' à des de production et de services institutions de recherche et de développement. Cette zone industrielle a été conçue selon les derniers critères d'urbanisme.

A 380 m d'altitude, sur le „Grotenburg" se dresse le monument „Hermannsdenkmal" au-dessus de la forêt du Teutoburg; ce monument est dédié à un homme, dont on ne connaît que le nom latin Arminius et c'est l'histoire d'un homme qui, pendant plus de 40 ans, a sacrifié sa vie à cette idée: Dès l'âge de 19 ans, Ernst von Bandel voulait ériger un monument en souvenir de celui qui a libéré la Germanie du joug des Romains. Lorsqu'il s'est promené dans la forêt du Teutoburg en 1834, il a cru retrouver sur le „Grotenburg" l'endroit de la bataille historique dans la forêt du Teutoburg qui avait eu lieu en l'an 9 après

Vogelpark Heiligenkirchen

bird and flower park at Heiligenkirchen

le parc à oiseaux de Heiligenkirchen

wurde das Hermannsdenkmal in Gegenwart des Deutschen Kaisers Wilhelms I. feierlich eingeweiht. 57 Meter hoch steht der Hüne dort und erhebt drohend sein Schwert gen Westen – nach Westen gegen Frankreich, denn inzwischen hatte der Hass auf den Erbfeind jenseits des Rheines den Stolz über den Sieg gegen die Römer abgelöst. Und so textete Bandel: „... alle mit Preußen verbündeten Deutschen Volksstämme züchtigten vom August 1870 bis Januar 1871 immer siegreich französischen Übermut". Und das 7 Meter lange Schwert mahnt „Deutsche Einigkeit meine Stärke/Meine Stärke Deutschlands Macht". Ernst von Bandel hat die Vollendung seines Lebenswerkes nur um ein Jahr überlebt, 1876 starb er in Neudegg bei Donauwörth. Denkmal, Gebäude und Parkplatz auf der Grotenburg sind heute Eigentum der „Hermannsdenkmal-Stiftung".

around "Büchenberg" hill was acquired for the purpose. District authorities, town council and "Landesverband Lippe" succeeded in removing many obstacles – a police station, hiking trails, private gardens e.g. – and in May 1966 the first farm building was reconstructed here. The Open Air Museum mirrors the landscape of Westphalia in miniature: the lowland areas of the "Münsterland", the hilly area of "Lippe" and "Paderborn", and the even higher areas of "Siegerland" and "Sauerland". The location of the different farms and hamlets reflects their original situation in Westphalia. Thus we can find the large, single farmsteads of "Münsterland" and "Ruhr-District" as well as clusters of farms and buildings typical of the "Lippe", "Minden-Ravensberg" and "Osnabrück" areas. Rural "Paderborn" is represented by an entire farmers' and craftsmen's village, complete with

J.C.. Il fit une large publicité, obtint un flot de dons et, en 1846 s'éleva le socle du monument dont il avait fait les plans. Mais Ernst von Bandel dut arrêter les travaux n'ayant plus de moyens financiers. Ce n'est qu'en 1863 que les travaux reprirent, soutenus financièrement par l'Empereur et l'Empire. Le 16 août 1875, le monument commémoratif fut inauguré en présence de l'Empereur Wilhelm I. Ce géant de 57 m se tient là et soulève de façon menaçante son épée vers l'ouest - contre la France, car à l'époque la haine contre l'ennemi héréditaire de l'autre côté du Rhin avait remplacé la victoire contre les Romains. Et Bandel écrivait ainsi: „Tout le peuple allemand qui avait rejoint la Prusse a puni avec succès l'orgueil français d'août 1870 à janvier 1871". Et l'épée de 7 m de longueur menace:"L'unité allemande, ma force/ Ma force, la puissance de

Adlerwarte Berlebeck

birds of prey sanctuary at Berlebeck

l'aiglerie de Berlebeck

Freiflugvorführung
flight show
présentation d'un vol en liberté

Bis heute ist der Ort der Schlacht im Teutoburger Walde nicht gesichert gefunden worden, auch wenn es inzwischen mehr als 150 Theorien gibt, wo er gelegen haben könnte. Denn immerhin müssten die sterblichen Überreste von schätzungsweise 15.000 römischen Soldaten gefunden werden. Gesichert ist allerdings, dass es auf der Grotenburg in der römischen Eisenzeit ein *Befestigungssystem* gegeben hat, das wohl als „Fluchtburg" zu deuten ist und das vielleicht als „Große Burg" dem Hügel seinen Namen gegeben haben könnte. Diese ehemalige Befestigungsanlage besteht zum einen aus einer etwa 4 m breiten Steinmauer aus groben mächtigen Blöcken und zum anderen aus einem flach erhaltenen Wall mit Palisadengraben. Erklärt werden kann diese unterschiedliche Mauerbautechnik in dem unterschiedlichen geologischen Untergrund. Die Quellmulde, die auch für eine Befestigung der vorrömischen Eisenzeit von großer Bedeutung war, ist in dem kleinen Teich bis heute erkennbar. Da eindeutige Siedlungsspuren fehlen, scheint die Funktion dieser Anlage als „Fluchtburg" am ehesten gegeben, obwohl die Größe der Anlage ihr eine Sonderstellung unter den anderen Befestigungen dieses Gebietes zuweist. Zeitlich muß sie wohl in die späte La-Téne-Zeit (500 v. Chr. bis 0) eingeordnet werden.

Am Fuße der Lippischen Schweiz, dem Schling, finden wir den *Vogel- und Blumenpark* Heiligenkirchen. In 120 Volieren und Freigehegen sind etwa 2.000 heimische und exotische Vögel zu bewundern, vom kleinsten Huhn der Welt, der chinesischen Zwergwachtel, bis zu den Kakadus und sprechenden Papageien. In der Aufzuchtstation werden unter anderem Papageienbabys aufgezogen und die Besucher kön-

churchyard and church (yet to be erected), and there are smaller villages and hamlets from "Sauerland" and "Siegerland".

A village school and a bakery, wind and water mills, apiaries and granaries, boundary stones and wayside chapels complete the picture. Typical rural herbs and vegetable gardens and orchards are represented as well as a variety of domestic animals. The central area of the Open Air Museum is reserved for all kinds of agriculture. The great diversity of furnishings is represented in extensive collections. Maps, plans, photos and documents offer scientists ample opportunities to do scientific research on various aspects of rural life. The past is almost alive here: the miller grinds the corn in his windmill, the charcoal-burner ignites his piles of wood, sheep are shorn, horses drive the "gill". The great variety of sights attracts more than 200,000 visitors each year.

At a certain distance from the road leading via "Apenberg" northwards there is one of the five surviving fortified farms in Lippe: Röhrentrup estate. It shows an extraordinary feature as it was erected on a small island in the 12th century AD. The building served as a refuge in times of war or when marauding mercenaries or bands were threatening the farmers. The different storeys inside were accessible only by small stairways, which could be blocked by heavy trapdoors. Small loop-holes were cut into the gross, irregular masonry to supply the refugees with fresh air, serving also as lookouts and embrasures for firearms.
On November 11th, 1251, Count Heinrich von Sternberg invested the knight Gottschalk de Wendt with half of the tithe levied in Brokhausen. Another document from 1621 mentions a village called "Brock-

l'Allemagne." Ernst von Bandel n'a survécu que d'un an la réalisation de son oeuvre, il mourut en 1876 à Neudegg près de Donauwörth. Le monument, le bâtiment et le parking sur le Grotenburg sont aujourd'hui la propriété de la „fondation Hermannsdenkmal".
Jusqu'à aujourd'hui on n'est pas sûr d'avoir découvert l'endroit de la bataille dans la forêt du Teutoburg, même s'il y a plus de 150 théories. En effet, on aurait dû trouver les restes d'environ 15 000 soldats romains. Ce dont on est sûr, c'est qu'il y a eu sur la colline Grotenburg pendant l'âge du fer romain un système de fortifications, à interpréter comme un refuge et qui en tant que „grand château", aurait pu donner son nom à la colline. Cette ancienne fortification comprend un mur en pierre d'une largeur d'environ 4 m constitué de gros blocs puissants et un rempart plat avec un fossé de palissades. Ces techniques de construction différentes peuvent s'expliquer par le sous-sol géologique différent. On peut encore reconnaître aujourd'hui dans le petit étang la cuvette d'où sort la source qui était de grande importance pour une fortification au temps de l'âge du fer pré-romain. Comme les traces d'habitation manquent, il semble que cet aménagement a servi de refuge, bien que sa grandeur lui donne une position exceptionnelle par rapport aux autres fortifications de la région. En ce qui concerne son âge, il a dû être construit entre 500 avant J.C. et l'an 0.
Au pied du „ Lippe suisse", dans le „Schling" se trouve le parc à oiseaux et à fleurs de „Heiligenkirchen". Dans 120 volières et installations à ciel ouvert, on peut admirer 2 000 oiseaux provenant de la région et de pays exotiques - de la plus petite poule du monde, de la caille naine de Chine jusqu'aux ca-

Freilichtmuseum, Paderborner Dorf — open air museum: Paderborn village — le musée en plein air, le village de Paderborn

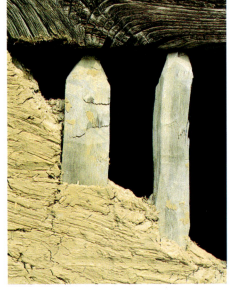

Impressionen aus dem Freilichtmuseum

open air museum: impressions

quelques impressions du musée en plein air

Innenansichten
interiors
vues d'intérieur

Am Seerosenteich   *the water-lily pond*   *l'étang à nénuphars*

nen das in einem Schaukasten beobachten. Vogelstimmenkonzert und Fütterungsrundgang mit einem der Pfleger sind weitere Attraktionen dieser vielbesuchten Einrichtung.

Auf einer Bergnase hoch über dem Erholungsort Berlebeck gründete im Mai 1939 der Falkner Adolf Deppe die *Adlerwarte*, die inzwischen zu Europas ältester und größter Greifvogelwarte herangewachsen und 1972 von der Stadt Detmold übernommen worden ist. Nicht nur in Großvolieren, sondern auch aus unmittelbarer Nähe im Freigelände können die 35 Greifvogelarten bewundert werden. Höhepunkt jedoch sind die täglich stattfindenden Flugvorführungen, bei denen Adler ihre Flugkünste zeigen oder ein Luggerfalke aus großer Höhe herabstößt und das Federspiel auf der Faust des Falkners greift. Mehr als 50.000 Besucher jährlich folgen diesem beliebten Schauspiel.

Doch nicht nur eine touristische Attraktion ist die Adlerwarte - als Aufzucht- und Auswilderungsstation leistet sie darüber hinaus einen wichtigen Beitrag zum Artenschutz der in ihrer Existenz bedrohten Greifvögel. Immer wieder gelingt ihr die Nachzucht auch exotischer Vögel – wie etwa jüngst die von Bengal-Uhus oder Steppenadler und in der Auswilderungsstation werden in der Natur aufgefundene verletzte Greifvögel oder verwaiste Jungvögel vom Turmfalken bis zum Uhu gesundgepflegt und anschließend wieder in die freie Wildbahn entlassen. Jahr für Jahr geschieht das für bis zu 200 Tiere.

Im Juli 1953 beschließt der Landschaftsverband Westfalen-Lippe ein zentrales volkskundliches *Freilichtmuseum* zu errichten, in welchem alle Formen westfälischer Höfe und Dörfer dargestellt, erhalten und erforscht werden sollen. Erst im Juli

sen". The name seems to derive from German "Bruch" (wet, marshy place; cf "brook"). A century before a leasehold mill was mentioned in this area. The "Broker", a small brook, feeds the mill-pond and then runs into "Dorla" river.

In 1450 Bernhard VII and Simon, Counts of Lippe, received a considerable loan and offered the small village "Lossebrok" as security in return. Houses dating back to 1591 and 1759 can be still found here today.

Alongside Dorla river, alternating on its left and right banks, the farmsteads of "Schönenhaghenes" (as the village was called in a document from 1352) developed. Many of the old farmhouses are still preserved today, well kept and picturesque. The wooden archway of Dorlastraße No 20, dating back to 1899, is of special interest.

Much older than Detmold itself is the former village Heiligenkirchen at the southern outskirts of the town. Here the first small parish church was erected in the 8th century, reputedly donated by Charlemagne himself after a successful battle against the Saxons. But only the existence of a plain pre-Romanesque church of the 9th or 10th century with an apse has been established with certainty. About 1160 a small vaulted Romanesque church was erected, to which a steeple was added in the first half of the 13th century.

The existence of this early church gave some importance to "Halogankircan" (as it was called in 1015). Heiligenkirchen became the most important community in the bailiwick of Falkenberg, the bailiff himself resided later in the half-timbered house "Am Krugplatz" No 5, dated 1696, which, later still, housed the administration of the formerly independent community of "Heiligenkirchen".

catoès et aux perroquets parlants. Dans la station d'élevage sont soignés entre autres des bébés perroquets et les visiteurs peuvent les observer à travers une vitre. Le concert des oiseaux et leurs repas sont les attractions de ce parc qui est très fréquenté.

Au-dessus de „Berlebeck", station de repos, le fauconnier, Adolf Deppe, créa en 1939 l'aiglerie qui est devenue entre temps la plus grande et la plus ancienne d'Europe. En 1972, elle a été reprise par la ville. On peut admirer 35 sortes d'oiseaux de proie non seulement dans de grandes volières mais on peut les approcher de près. La grande attraction journalière, ce sont les vols en liberté, pendant lesquels on peut admirer le vol des aigles ou la chute en haute altitude d'un faucon qui attrape au passage l'animal en plume se trouvant dans la main du fauconnier. Plus de 50 000 visiteurs par an suivent ce spectacle très apprécié.

Cependant l'aiglerie n'est pas seulement une attraction touristique, en tant que station d'élevage, elle protège les espèces d'oiseaux de proie qui sont menacées dans leur existence. L'aiglerie réussit à faire grandir des oiseaux exotiques comme par exemple les petits du grand duc du Bengale ou de l'aigle des steppes et dans la station sont soignés des oiseaux de proie qui ont été trouvés blessés dans la nature ou des petits qui ont été abandonnés, ensuite ils sont remis en liberté. Environ 200 animaux sont soignés ainsi chaque année.

En juillet 1953, le „Landschaftverband", l'association de la région Westfalie-Lippe, a décidé de créer un musée floklorique en plein air, dans lequel devaient être présentées, conservées et examinées toutes les sortes de fermes et villages de la Westfalie. Ce n'est qu'en juillet 1960 que Münster se décide

Gut Röhrentrup
"Röhrentrup" estate
le domaine de Röhrentrup

Bauernburg
"peasant-castle" refuge
château tenu autrefois par des paysans

Torbogen in Brokhausen
archway from Brokhausen
portail à Brokhausen

„Im Grund" in Loßbruch
"Im Grund" at Loßbruch
*maison à colombage –
„Im Grund" à Loßbruch*

*Dorlastraße 20
in Oberschönhagen*
Dorlastrasse No 20,
Obernschönhagen
*le numéro 20 de la rue
„Dorlastraße" à Oberschönhagen*

1960 fällt die Entscheidung in Münster zugunsten Detmolds. Ein etwa 80 ha großes Areal am Büchenberg erweist sich als ideal. Landesverband Lippe, Kreis und Stadt Detmold räumen die noch vorhandenen Hemmnisse – eine Polizeistation, eine Kleingartenanlage und ein vielbegangener Spazier- und Wanderweg – beiseite und im Mai 1966 wird das erste Bauernhaus errichtet. Das Gelände des Freilichtmuseums spiegelt im Kleinen die landschaftlichen Verhältnisse Westfalens wider: Flachlandgebiete im Münsterland, Hügellandschaften in Lippe und im Hochstift Paderborn sowie Mittelgebirge im Sieger- und Sauerland. Die Lage der einzelnen Baugruppen im Museum entspricht zugleich der Lage ihrer Herkunft in Westfalen. So finden wir im Freilichtmuseum die für Münsterland und westfälisches Ruhrgebiet typischen Einzelhöfe,

In 1607 "papermaster" Matthias Bertrams and his wife were allowed to build a paper-mill in the place where a grinding-mill had previously used the waterpower of "Berlebecke" river. The annual rent payable to the chancellery of Count Simon VI was fixed at 10,000 sheets of good writing paper. In case that this rent was not duly paid or the enterprise did not flourish the Count would automatically become the owner of the buildings – on repayment of the building costs... For nearly 300 years the mill worked more or less successfully. There were bankruptcies and forced sales, the mill was inherited, bought or sold. Plundered several times during the Thirty-Years'-War, it went out of use in the 19th century, was re-opened and closed down again in later years. Bought by Hermann Kleditz in 1890, it was used for the production of cardboard and papier

pour Detmold. Une surface d'environ 80ha au „Buchenberg" semble idéal. La section de land Lippe, le canton et la ville de Detmold suppriment les obstacles existants comme un poste de police, un parc et un chemin de promenade et de randonnée trés fréquentés et en mai 1966 la première ferme est construite. Le terrain du musée en plein air reflète en miniature la vie rurale en Westfalie: les régions plates du Münsterland, le paysage de collines de Lippe et de Paderborn ainsi que les montagnes de hauteur moyenne du Siegerland et du Sauerland. Le lieu des fermes dans le musée correspond à leur position d'origine en Westfalie. Ainsi on trouve dans le musée des fermes isolées typiques pour le Münsterland et la région de la Ruhr westfalienne ainsi que des groupes de ferme typiques pour la région de Lippe, Minden-Ravensberg et

Vahlhausen

Mosebeck

Hornoldendorf

Kirche in Heiligenkirchen
church at Heiligenkirchen
l'église à Heiligenkirchen

An der Papiermühle in Berlebeck
Berlebeck paper-mill
le moulin de Berlebeck

für Lippe, Minden-Ravensberg und Osnabrück Höfegruppen, das Paderborner Land wird charakterisiert durch ein Ackerbauern- und Handwerkerdorf mit der Kirche auf einem befestigten Friedhof, für das Sauerland steht ein Kleindorf, für das Siegerland ein Weiler. Schulhaus und Backhäuser, Wind- und Wassermühlen, Bienenhäuser und Speicher, Grenzsteine und Wegekreuze vervollständigen das Bild. Die zu Haus und Hof gehörenden Kräuter-, Gemüse- und Obstgärten sind dort ebenso zu finden wie zahlreiche zum Bauernland gehörende Tierarten. Der Mittelteil des Museums bleibt unbebaut, hier ist Landwirtschaft in vielerlei Formen möglich. In einer umfangreichen Sachgutsammlung wird die Ausstattung der Häuser dokumentiert, Fotos, Karten und Akten ermöglichen dem Forscher weiterführende wissenschaftliche Tätigkeit. Und manch

maché. The town council bought the whole estate in 1970. The buildings and the big water wheel have been restored. The half-timbered main building, a listed monument dating back to the days of the foundation of the mill in 1607, has been turned into a "visitors' centre" with conference and lecture rooms as well as a barbecue in one of the adjacent buildings. But as tourism has not been flourishing recently the old mill has become a favourite meeting-place for the citizens of Detmold The "Grotenburg" fortification close to the Hermann Monument is not the only trace of early human activities around Hiddesen. A smaller megalithic fortification, some hundred metres below "Grotenburg", bears evidence of human history of ages ago. This fortification consists of a system of wall and ditches, 110m by 90m, with simple gates at the south-western and

Osnabrück. La région de Paderborn est caractérisée par un village de paysans et d'artisans avec son église et son cimetière; pour la région du Sauerland, on trouve un petit village et pour la région du Siegerland un hameau. Pour compléter la physionomie du musée, on peut voir une école, des boulangeries, des moulins à eau et à vent, des ruchers et des greniers à blé, ainsi que des bornes et des croisements de chemin. On peut aussi visiter les jardins des différentes maisons et fermes où poussent herbes, légumes et fruits et où vivent les animaux typiques de la région. La partie centrale du musée n'est pas construite, elle est réservée à l'agriculture sous toutes ses formes. L'installation intérieure des différentes maisons est documentée grâce à une importante collection d'objets et de photos. On a redonné vie à ce qui était mort: le meunier moud son blé dans le mou-

Untergegangenes wird neu belebt: Da mahlt der Müller in der Windmühle das Korn, zündet der Köhler seinen Meiler, werden Schafe geschoren, drehen Pferde den Göpel. Kein Wunder, dass diese schier unerschöpfliche Vielfalt Jahr für Jahr mehr als 200.000 Besucher nach Detmold lockt.

Abseits der Straße, die über den Apenberg nach Norden führt, steht eine der noch vorhandenen fünf Bauernburgen Lippes: die auf dem *Gut Röhrentrup*. Sie ist eine Besonderheit, denn sie wurde auf einer Insel errichtet. Der Bau aus dem 12. Jahrhundert besteht aus grobem unregelmäßigem Mauerwerk. Er diente in unruhigen Zeiten den Bewohnern des flachen Landes als Zuflucht, wenn marodierendes Kriegsvolk oder plündernde Räuberbanden ihr Leben und ihr Eigentum bedrohten. Die Stockwerke im Inneren waren durch schmale

north-eastern ends. The inner yard has severely suffered from quarry works and the addition of an open-air theatre (!) in 1900. This may also explain the absence of any spring or other form of water supply. No traces of long-term settlements has been detected, thus the fortification can be explained as a fortified refuge camp of the early Middle Ages (9th or 10th century). There may also be a connection to a King's estate of the same time in this area.

Due to its healthy climate Hiddesen, protected by the hills of the "Teutoburger Wald" forests, has become one of the more fashionable suburbs of Detmold and a sought for resort of the elderly. Well-prepared and well-marked hiking-trails and footpaths attract large numbers of visitors every day, and in winter times there is a cross-country skiing track available. The

lin, le charbonnier allume son charbon, les moutons sont tondus et les chevaux font tourner le manège. Il n'est donc pas étonnant que ce grand éventail d'activités attire chaque année plus de 200 000 personnes.

Au-delà de la route qui mène vers le nord en passant par le „Apenberg", on trouve un des cinq châteaux de Lippe qui avaient été tenus par des paysans: celui de la propriété de „Röhrentrup". C'est une curiosité, car il a été construit sur une île. Le bâtiment datant du XIIIème siècle comprend des murs irréguliers. Autrefois, il servait de refuge aux habitants du plat pays en temps de trouble, lorsque des maraudeurs à l'esprit guerrier ou des bandes de voleurs menaçaient leur vie ou leur bien. Les différents étages à l'intérieur étaient reliés par des escaliers étroits et pouvaient être fermés par des trappes. Des créneaux

Haus des Gastes in Berlebeck, Mühlrad

visitors' centre Berlebeck, great wheel

le centre d'information et d'accueil de Berlebeck, la roue du moulin

Treppen miteinander verbunden, konnten aber durch Falltüren auch gegeneinander abgesperrt werden. Schmale Scharten ermöglichten Frischluftzufuhr, Beobachtung und Verteidigung.
Mit einer Urkunde vom 11. November 1251 belehnt Graf Heinrich von Sternberg den Ritter Gottschalk de Wendt unter anderem mit dem halben Zehnt zu *Brokhausen*. In einer Urkunde aus dem Jahre 1621 wird das Dorf als „Brocksen" erwähnt, wohl als Hinweis darauf, dass es seinerzeit an einem Bruch, einer feuchten sumpfigen Fläche, lag. Schon hundert Jahre früher bereits wurde eine Erbpachtmühle im Broker Holz genannt. Ein Bach namens Broker speist den Mühlenteich und mündet dann in die Dorla.
Am 12. März 1450 beurkunden Bernhard VII. und Simon, Edelherren zur Lippe, den Empfang einer größeren Summe Geldes und setzen

most attractive excursion leads to the idyllic "Donoperteich" ponds. Numerous trails, park-benches and lookouts can be found around the 7,500 square metres of water, habitat of a great variety of birds. Quiet forests with ancient oak, spruce and pine trees surround the lake. Following the small river feeding this artificial lake up the valley the visitor arrives at a smaller pond, "Krebsteich", which was used for raising crayfish in the 17th century. Not far away from "Donoperteich" lies "Hiddeser Bent", the only high-moor of the "Teutoburger Wald". The centre of such a moor usually grows faster than its fringes, and thus develops a characteristic "watch-glass" appearance hence the name "high"-moor. Apart from sphagnum mainly heather, drosera and rush grow here, but rosemary and cranberry can also be found. Only with difficulty can these extra-

étroits permettaient à l'air de pénétrer et servaient aussi à se défendre.

Par l'acte du 11.11.1251, le comte Heinrich von Sternberg inféode au chevalier Gottschalk de Wendt entre autres une partie de son comté „Brokhausen". Dans un document datant de 1621, le village est nommé „Brocksen", prouvant qu'il se trouvait à l'époque près d'un marécage. Déjà cent ans plus tôt il était question d'un moulin à bail dans le „Broker Holz". Un ruisseau, appelé „Broker" alimente l'étang du moulin pour se jeter dans le „Dorla".
Le 12.3.1450, les princes Bernhard VII et Simon donnent acte d'avoir reçu une somme d'argent importante et mettent entre autres „Lossebrok" en gage. Encore aujourd'hui, on trouve à „Loßbruch" au numéro 5 de la rue „Im Grunde" une ferme datant de 1591 et à „Oberloßbruch" au numéro 14 de

dafür neben anderem auch Lossebrok als Pfand. Noch heute findet man Im Grund fünf in *Loßbruch* ein Bauernhaus aus dem Jahre 1591 und in Oberloßbruch An der Wasserbrede 14 ein Wohnhaus von 1759.

Entlang des Bachlaufes der Dorla, abwechselnd mal am linken und mal am rechten Ufer des Baches, entstanden die Hofstätten „*Schönenhaghenes*", wie das Dorf in einer Urkunde aus dem Jahre 1352 genannt wurde. Viele der Bauernhäuser sind auch heute noch erhalten, zumeist liebevoll gepflegt und überaus ansehnlich. Ein Prachtexemplar ist der Torbogen des *Hauses Dorlastraße 20* aus dem Jahre 1899.

Weitaus älter als die Stadt Detmold ist ihr an ihrem Südrand gelegener Ortsteil Heiligenkirchen. Denn hier stand wohl jene *Urkirche* aus dem 8. Jahrhundert, welche der Sage nach Karl der Große als Dank für eine siegreiche Schlacht gestiftet haben soll. Nachgewiesen werden konnte allerdings ein schlichter vorromanischer Saalbau mit Apsis, der im 9. oder 10. Jahrhundert errichtet worden war. Um 1160 wurde dann der einschiffige romanische Gewölbebau errichtet, dem in der ersten Hälfte des 13. Jahrhunderts der Westturm hinzugefügt wurde. Das Vorhandensein dieser frühen Kirche verlieh dem Dorfe, das im Jahre 1015 als „Halogankircan" erwähnt wurde, Bedeutung gegenüber den Nachbardörfern. Heiligenkirchen wurde Hauptort der Vogtei Falkenberg, der Vogt residierte später im Fachwerkhaus Am Krugplatz 5, das aus dem Jahre 1696 stammt und dann später bis 1970 die Gemeindeverwaltung der ehedem selbständigen Gemeinde Heiligenkirchen beherbergte.

Wo früher eine Schleifmühle die Wasserkraft der Berlebecke genutzt hatte, durfte mit Genehmigung des Grafen Simons VI. im Jahre 1607

ordinary plants be protected from over-curious or disrespectful wanderers.

"Hasselbach" brook, once a commercially exploited water supply for local industries, today feeds "Hasselbach"-pond. The ruins of an old factory were cleared away to make room for this small leisure-resort where hikers and strollers may enjoy the healthy atmosphere of forests and water.

Originally not more than just a clever public relations idea "Lippe culinary festival", a presentation of haute cuisine, has meanwhile become a main regional attraction. Every year in summertime the chefs of the best restaurants of the region offer their specialities in comfortable pavillions erected for the occasion. Hors d'oeuvres or three-course-meal, local Lippe "Pickert" (potato pancakes with raisins) or Spanish paellas, a venison dish or fresh trout - every taste is catered for.

Every summer the picturesque centre of the town is turned into an open-air theatre. Organised by a special department of the town council "Detmold Summer Theatre" presents a great variety of cultural events in the market square: international folklore and jazz as well as dance theatre and drama productions draw huge crowds of mainly young visitors.

In 1988, the Chinese "Year of the Dragon", ART KITES, pictures in the sky, saw the light for the first time. Japanese paper kites were designed and made by internationally renowned artists form all over the world. After an opening flight show these kites started their grand tour around the world, visiting major museums on four continents and fascinating millions of visitors.

From April 1st, 2000, this "heavenly" collection finds a permanent residence at Detmold, in the world's first and only ART KITE MUSEUM.

la rue „an der Wasserbrede" une maison de 1759.

On trouve le long du ruisseau „Dorla" des fermes „Schönenhaghenes", nom que l'on a donné au village en 1352. Beaucoup de ces fermes sont aujourd'hui entretenues avec soin et sont en général de belle apparence. Un exemple remarquable est l'arceau du numéro 20 de la rue „Dorlastraße" qui date de 1899.

Le quartier de Heiligenkirchen se trouvant au sud est bien plus ancien que la ville de Detmold. En effet, il y avait là une église datant du VIIIième siècle, qui aurait été construite par Charlemagne en remerciement pour une bataille gagnée. Comme preuve, on n'a pu seulement trouver une grande salle simple de style pré-roman avec une abside qui a été construite au IXième ou XIième siècle. Vers 1160 a été érigé un bâtiment en voûte de style roman à une seule nef, dont on a rajouté la tour ouest au milieu du XIIIième siècle. L'existence de cette église à l'époque donna au village, qui est mentionné en 1015 en tant que „Halogankircan", une certaine importance par rapport aux villages voisins. Heiligenkirchen devint le siège de la prévôté „Falkenberg", le prévôt résida plus tard dans la maison à colombage, au numéro 5 de la place „Am Krugplatz" qui date de 1696 et qui ensuite abrita jusqu'en 1970 l'administration de la commune de Heiligenkirchen, à l'époque encore indépendante.

Où, à l'époque, une meule utilisait la force hydraulique de la „Berlebecke", le papetier de Bentrup, Matthias Bertrams et sa femme Margarethe Brünings, avec l'autorisation du comte Simon VI en 1607, firent construire à leurs frais une papeterie. Comme bail annuel ils devaient remettre au comte 10 rames de papier, ce qui correspondait à 10 000 feuilles de papier de bonne qualité. Si le bail n'était pas

*Kleiner Hünenring
megalithic fortification
le „kleiner Hünenring"*

*Donoper Teich, Abfluss
zum Hasselbachtal*

*Donop pond, flowing into
Hasselbach-valley*

*l'étang de Donop et l'écoulement
dans la vallée de Hasselbach*

der Papiermeister von Bentrup, Matthias Bertrams, mit seiner Frau Margarethe Brünings eine Papiermühle auf eigene Kosten erbauen und betreiben. Als jährliche Pacht waren 10 Ries, das sind 10.000 Bogen guten Schreibpapiers, an die gräfliche Kanzlei zu liefern. Sollte diese Abgabe nicht entrichtet werden oder aber die Mühle nicht „gerathen", so sollte sie gegen Erstattung der Baukosten an den Grafen zurückfallen.

Nahezu 300 Jahre lang arbeitete die Papiermühle mit wechselndem Erfolg. Konkurse und Notverkäufe gab es, die Mühle wurde ererbt oder erworben. Im Dreißigjährigen Kriege wurde sie mehrfach geplündert, im frühen 19. Jahrhundert lag sie mehrere Jahre still, geriet danach erneut in Konkurs. 1890 schließlich erwarb sie Hermann Kleditz, und da sich die Papierherstellung offensichtlich nicht mehr lohnte, stellte

Far from being a conventional museum, however, this international cultural forum tries to present a fresh approach towards eastern and western ideas and conceptions of art, nature and technology and, of course, of "heaven" and "earth"
The oldest surviving seal of the town of Detmold, dating back to 1305, was used well into the 15th century. It bears Detmold's coat of arms: a castle with towers, battlements and an archway protecting the "Rose of Lippe" with its five petals (closely resembling the "Rose of York"). On the rim we read the Latin words "Civitatis Detmelle", i.e. (seal of the) town of Detmold. This coat of arms, only slightly altered, can still be seen on the official seals of the town today.
The second picture shows another great seal of Detmold dating back to the middle of the 15th century. It shows an abstract "Rose of Lippe"

livré, le moulin devait revenir au comte contre remboursement des frais de construction.
La papeterie travailla presque 300 ans avec plus ou mois de succès. Il y eut des faillites et des ventes forcées, la papeterie fut donnée en héritage et achetée. Pendant la guerre de trente ans, elle fut plusieurs fois dépouillée et au début du XIXième siècle elle est restée plusieurs années sans activité et tomba de nouveau en faillite. Finalement, en 1890, Hermann Kleditz en fit l'acquisition et comme la production de papier n'était pas rentable, il transforma l'entreprise et fabriqua du carton.
En 1970, la ville de Detmold acheta tout le terrain, rénova les bâtiments existants, dégagea toute la superficie et remit en marche la roue historique du moulin. Le bâtiment, classé monument historique et datant de 1607, a été transformé

◁ *Rast am Donoper Teich*
 taking a break at Donop ponds
 moment de repos à l'étang de Donop

△ *Krebsteich*
 "crawfish"-pond
 l'étang „Krebsteich"

Morgenstimmung im Buchenwald
morning in the forest
impression à l'aube dans la forêt de hêtres

Hiddeser Bent, Wollgras im Hochmoor

rush from "Hiddeser-Bent highmoor" area

le „Hiddeser Bent", la linaigrette dans le marais

er den Betrieb auf die Herstellung von Pappe um.

1970 erwarb die Stadt Detmold den gesamten Besitz. Sie sanierte das vorhandene Gebäude, räumte das weitläufige Areal ab und stellte die Funktion des historischen Mühlrades wieder her. Im denkmalgeschützten Fachwerkgebäude aus dem Gründungsjahr 1607 entstanden Sitzungs- und Veranstaltungsräume, im Nebengebäude wurde ein Grillraum eingerichtet: Als *„Haus des Gastes"* sollte der Komplex den Fremdenverkehr in *Berlebeck* fördern. Doch dessen Flaute ließ die Papiermühle stattdessen zu einem beliebten Treff Detmolder Bürgerinnen und Bürger werden.

Nicht nur das Hermannsdenkmal mit der Grotenburg weist auf frühgeschichtliches Leben in Hiddesen hin: Auch der sogenannte „Kleine Hünenring", einige hundert Meter unterhalb der Grotenburg gelegen, ist ein Zeugnis aus einer vergangenen Zeit. Diese Anlage besteht aus einem System von Wall und Graben und misst etwa 110 m mal 90 m. Torlücken befinden sich im Südwesten und im Nordosten des Walles. Der Innenraum der Anlage ist durch Steinbruchgruben und den Einbau einer Freilichtbühne um 1900 deutlich gestört. Dadurch lässt sich das Fehlen der sonst für Befestigungen üblichen Wasserstelle erklären. Auch eine gründliche Untersuchung ergab keinen Hinweis auf eine Dauerbesiedlung. Deshalb muss man den Ringwall nicht als bewohnte Burg, sondern als einen befestigten Zufluchtsort des frühen Mittelalters (also des 9. oder 10. Jahrhunderts) interpretieren. Wahrscheinlich bestand hier ein Zusammenhang mit dem im Heiligenkirchener Tal zeitgleich festgestellten Königsgut.

Hiddesens Schonklima im Windschatten des Teutoburger Waldes hat das Dorf zu einem beliebten

and bears the inscription "Sigillum Civitatis Detmold".

The ground plan, worked out by Helmuth Riemann, is based on the assumption that old boundaries marked by streets, plots, cellars and foundations did not change a lot in those times. Even after some fires in the 15th and 16th centuries the new houses were erected within the old boundaries. Although there are no actual plans or maps from 1660 we can assume with some certainty that Detmold in those days consisted of about 200 houses, only half of which (especially marked in the plan) had to pay the obligatory land tax to the prince; knightly estates and church property were exempted from this tax anyway. Not even during the Thirty-Years'-War did the number of houses change greatly, as Detmold did not suffer from occupation or billeting. Water was supplied by various springs and wells and was of varying quality (sometimes the water was found so unhealthy that it was not accepted for brewing beer...). The two fountains in the market square and at the entrance of "Exterstraße" (numbers 12 in the plan) were supplied by wooden pipes from "Lüsborn" spring, which also supplied the castle, the ducal farm estate (which was later moved to "Johannettental" on the outskirts) and the brewery. The plan clearly shows that the ducal estates covered a quarter of the whole town, occupying even a complete street of the original "three-streets-pattern" so typical of Lippe towns. The great town hall stood next to three large private houses in the market square, protruding well into "Lange Straße" on the one side and, with its pillared loggia, well into "Bruchstraße" on the other. From the loggia all four streets leading to the gates (or the town walls respectively) could well be watched. "Lange

en salles de réunion et de manifestation et dans le bâtiment annexe fut installé un barbecue: en tant qu' „office du tourisme", l'ensemble devait refaire vivre le tourisme. En effet, à cause de sa situation calme, le moulin est devenu un lieu de rencontre apprécié des citoyens de Detmold.

Pas seulement le monument d'Arminius sur le Grotenburg est une preuve pour le passé historique du quartier de Hiddesen, mais le „kleiner Hünenring" se trouvant à quelques 100 mètres au-dessous du Grotenburg en est une aussi. Cet espace est constitué de remparts et fossés sur environ 110m x 90m. On trouve des portails dans les remparts au sud-ouest et nord-est. L'intérieur de cet ensemble fut endommagé par des carrières ainsi que par la construction d'un théâtre en plein air vers 1900. Cela explique la disparition du point d'eau qu'on trouve habituellement dans les fortifications. Les recherches profondes n'ont donné aucun indice concernant une habitation durable. C'est pourquoi, on peut dire que ces remparts ne sont pas la preuve d'un château habité mais plutôt d'un lieu de refuge datant du Moyen-Age (IXième et Xième siècle).

Le climat agréable de Hiddesen dû à la forêt de Teutoburg a fait de ce village un lieu d'habitation apprécié, et en même temps un lieu de repos très recherché pour le troisième âge. Des chemins de randonnée soignés attirent chaque jour beaucoup de personnes et en hiver, les pistes de ski de fond sont bien fréquentées. Le but de promenade le plus apprécié est l'étang „Donoperteich" qui jouit d'une situation idyllique. De nombreux chemins le long de ses rives, des bancs sur lesquels on peut se reposer et des points de vue permettent un coup d'oeil sur les 7 500m² de surface d'eau et font découvrir de nom-

„Detmolder Sommerbühne"
Detmold summer theatre
„Detmolder Sommerbühne" –
„scène estivale de Detmold"

„Kunstmarkt"
Detmold art fair
„le marché d'art"

Wohnvorort Detmolds, darüber hinaus aber zu einem begehrten Altersruhesitz werden lassen. Gepflegte, gut markierte Wander- und Reitwege ziehen viele Menschen tagtäglich an, im Winter locken Möglichkeiten zum Skilanglauf. Das beliebteste Wander- und Ausflugsziel ist der idyllisch gelegene *Donoperteich*. Zahlreiche Wege an seinen Ufern, Ruhebänke, Aussichtsstellen ermöglichen immer wieder einen Blick auf die 7.500 qm große Wasserfläche, zeigen eine artenreiche Vogelwelt. Der Wald mit seinen vielfältigen Wachstumserscheinungen, den uralten Eichen, den Kiefern und Fichten, umgibt diese Landschaft mit seiner Stille. Folgt man dem Bach, der den künstlich angelegten Teich speist, talaufwärts, so gelangt man zum *Krebsteich*, einem weiteren Gewässer, in welchem schon im 17. Jahrhundert Krebse gezüchtet wurden.

Straße", called thus since 1487, was also known as "Steinweg" (stone street), "Mittelstraße" (middle street), "Freie Straße" (free street) between 1485 and 1558. "Möhrstraße" changed to "Mörderstraße" (murderer street!) and finally became "Meierstraße". Detmold used to be a walled city, the gates and barbicans were demolished in 1880. At the eastern end of "Schülerstraße" there was no gate but a tower whose location is marked in the pavement. The town walls were additionally protected on the outside by a mound between two moats. In 1660 Detmold had three ducal mills, "Obere Mühle", which contained special equipment for drilling wooden pipes, "Mittelmühle", a corn and saw mill, and "Untere Mühle", a corn and oil mill, which was demolished in 1753 when a new mill was built on one of the locks of the new canal.

breuses espèces d'oiseaux. La forêt avec ses vieux chênes, ses pins et ses épicéas donnent au paysage une certaine sérénité. Si on suit en amont le ruisseau qui se jette dans l'étang articiel, on arrive à l'étang „Krebsteich", dans lequel on élevait déjà au XVIIième siècle des écrevisses.
Non loin de l'étang „Donoperteich" se trouve le seul marais de la forêt du Teutoburg, le „Hiddeser Bent". La végétation de la partie centrale des marais est toujours plus avancée que celle des bords, c'est pourquoi la surface prend une forme convexe. A proximité de ces sphaignes poussent principalement de la bruyère, de la drosère et de la linaigrette. On trouve aussi, dans le „Hiddeser Bent", du romarin et de la canneberge. Ce n'est qu'avec difficulté qu'on arrive à protéger cette nature des visiteurs inattentifs. Le ruisseau „Hasselbach", dont

◁ *Drachenfest*
  kite festival
  la fête de cerfs-volants

  Im Drachenmuseum △▷
  art kite museum (interior)
  l'intérieur du musée aux cerfs-volants

Fotos: Art Kite Museum

Unweit des *Donoperteiches* liegt das einzige *Hochmoor* des Teutoburger Waldes, das *Hiddeser Bent*. Die Mitte eines solchen Hochmoores ist den Rändern im Wachstum immer voraus, sodass die Oberfläche eine uhrglasförmige Wölbung erhält (was dem Moor seine Bezeichnung beschert). Neben den Torfmoosen gedeihen hier hauptsächlich Heidekräuter, Sonnentau und Wollgras. Im Hiddeser Bent blühen aber auch Rosmarinheide und Moosbeeren. Nur mühsam kann diese seltene Naturerscheinung vor allzu neugierigen und unbedacht daherstiefelnden Besuchern abgeschirmt werden. Der Hasselbach, einst industriell genutztes Gewässer im Ortsteil Pivitsheide, speist nun seit einigen Jahren den nach ihm benannten „Hasselbachteich". Nachdem eine dort gelegene Fabrik aufgegeben worden war, ihre Ruine entfernt, entstand mit Hilfe des Landesverbandes Lippe, des Grundeigentümers, ein völlig neuer Freizeitbereich, der dem Wanderer, dem Spaziergänger nun die Möglichkeit bietet, Wasser und Wald gesundheitsfördernd zu genießen. Was zunächst begann wie ein einmaliger Werbe-Einfall, ist längst zu einer viel besuchten Detmolder Spezialität herangewachsen: Unter der Spitzmarke „*Lippe kulinarisch*" kochen dann an einem Wochenende im Hochsommer Spitzenköche aus lippischen Restaurants Spezialitäten ihrer Küche und bieten sie in wohnlich eingerichteten Zelten ihren zahlreichen Gästen an. Vom kleinen Appetithappen bis zum Drei-Gang-Menü, vom lippischen Pickert bis zur spanischen Paella, vom Wildbraten oder der Forelle blau bis zum Eintopfgericht wird dann dargeboten, was immer die Meister des Kochtopfes zu bieten haben. Und dazu gibt es stimmungsvolle, einschmeichelnde Musik - Jahr für Jahr ist die Zahl kulinarisch begeisterter Lipper gewachsen.

Stadtsiegel, 1305
town seals, 1305
sceau de la ville, 1305

l'eau autrefois était utilisée industriellement pour le quartier „Pivitsheide", alimente depuis quelques années l'étang appelé selon son nom „Hasselbachteich". Depuis qu'une usine se trouvant là-bas a été abandonnée et que les ruines ont disparu, est né un espace de loisirs totalement nouveau et qui a été créé grâce à l'aide de la section de land Lippe, le propriétaire du terrain. Cet espace permet aux randonneurs et aux promeneurs de profiter de l'eau et de la forêt. Le „Lippe culinaire" qui commença comme une idée publicitaire unique est devenu une spécialité de Detmold très appréciée: Sous le nom de „Lippe kulinarisch", les cuisiniers des restaurants de Lippe présentent leurs spécialités pendant un week-end d'été et les proposent à leurs clients sous des tentes confortables. On peut goûter ce que le chef cuisinier propose, des petits amuses-bouche, un menu à trois plats ou une spécialité de Lippe, le „Pickert", une paella espagnole ou une truite au bleu, un rôti de gibier ou enfin un „Eintopf" (un plat de légumes et viande). Et tout cela est accompagné de musique d'ambiance. Le nombre des Lipper qui participe à cette activité augmente chaque année.
Depuis quelques années, le centre de la ville pittoresque se transforme chaque été en un grand spectacle en plein air: le service „culture de la ville" organise pendant plusieurs week-end, sous le motto „Detmolder Sommerbühne" („ scène estivale de Detmold"), des spectacles variés musique internationale, jazz, danse et théâtre.
En 1988, selon la devise d'Extrême-Orient l'année du „Drachen" (dragon et cerf-volant en allemand) les „Art Kites" - des cerfs-volants japonais crées et peints par des artistes très renommés - prirent naissance sous le motto „Images pour le

Detmolds malerisch hergerichtete Innenstadt verwandelt sich seit einigen Jahren in jedem Sommer in eine riesige Freilichtbühne: Das Kultur-Team der Stadt – in früheren Zeiten noch bieder „Städtisches Kulturamt" genannt – veranstaltet dann unter dem Titel *Detmolder Sommerbühne* über mehrere Wochenenden hinweg eine bunte Veranstaltungsreihe mit Weltmusik, Jazz, Tanz und Theater. Dann überfluten von einer Bühne auf dem Marktplatz herab Worte und Musik die in hellen Scharen gekommenen – zumeist jugendlichen – Zuhörer, bieten mal große und mal kleine Kunst und fordern immer wieder zu Wiederholungen und Zugaben heraus. 1988, nach fernöstlicher Devise das Jahr des Drachen, erblickten sie das Licht der Welt, die Art Kites, „Bilder für den Himmel". Japanische Drachen, die von den bekanntesten Künstlern der Gegenwart bemalt und gestaltet wurden. Nach einer „Vernissage am Himmel" gingen sie auf Welttournee, besuchten die bedeutendsten Kunstmuseen auf vier Kontinenten und begeisterten Millionen von Menschen. Seit dem 1. 4. 2000 hat die himmlische Kollektion in Detmold ein festes Zuhause, im ersten und einzigen ART KITE MUSEUM der Welt. Dieses ist jedoch kein Museum im herkömmlichen Sinn, sondern ein internationales Kulturzentrum, das Kunst, Natur und Technologie, Ost und West und natürlich Himmel und Erde in kreativer und innovativer Weise verbindet.

Das älteste *Stadtsiegel* Detmolds von 1305, das bis ins 15. Jahrhundert benutzt wurde (S. 140), zeigt das Detmolder Wappen: Eine Burg, zwischen deren dreistöckigen Zinnentürmen unter einem Torbogen die lippische Rose mit ihren fünf Butzen steht. Am Rand befindet sich der Schriftzug „Civitatis Detmelle", (Siegel) der Stadt Detmold.

Stadtsiegel, 15. Jahrhundert
town seals, 15th century
sceau de la ville, XVIème siècle

ciel". Après „un vernissage dans le ciel", ils partirent en tournée mondiale et furent exposés dans les plus grands musées d'art sur les quatre continents où ils enthousiasmèrent des millions de personnes. A partir du 1.4.2000 cette collection „céleste" a une place définitive à Detmold, dans le musée „Art Kite", unique en son genre. Cependant on ne peut pas le définir comme étant un musée traditionnel, il est plutôt un centre culturel où art, nature, technologie, est, ouest et naturellement ciel et terre sont réunis.

Ici est reproduit le plus vieux sceau de la ville de Detmold datant de 1305 et qui fut utilisé jusqu'au XVIème siècle. Il montre les armes de Detmold: un château et entre ses tours à trois étages crénelées et sous son arceau se trouve la rose de Lippe avec ses cinq pétales. Au bord, on peut lire l'inscription „Civitatis Detmelle" „de la ville de Detmold".
Encore aujourd'hui les armes de la ville de Detmold présentent ce château ainsi stylisé avec la rose de Lippe entre ses tours à trois étages crénelées et sous son arceau. La deuxième image montre le sceau de la ville II datant du XVIème siècle. Il comprend une rose de Lippe très stylisée et porte l'inscription „Sigillum Civitatis Detmold" „le sceau de la ville de Detmold".

Ce plan de la ville travaillé par Helmuth Riemann est né sans qu'il puisse se servir de plans de cette époque. Cette reconstruction se base sur le fait que les anciennes frontières, les rues, les terrains, les caves et les fondations n'ont changé que de façon insignifiante. On peut être relativement sûr que les maisons de Detmold détruites lors des rares incendies du XVième et XVIième siècle ont été reconstruites sur leurs anciens emplacements.

Bis heute zeigt das amtliche Wappen der Stadt Detmold jene stilisierte Burg mit der lippischen Rose zwischen dreigeschossigen Zinnentürmen und unter einem Torbogen. Das große Stadtsiegel aus der Mitte des 15. Jahrhunderts (S. 141) besteht aus einer stark stilisierten lippischen Rose und trägt die Umschrift „Sigillum Civitatis Detmold", wiederum: Siegel der Stadt Detmold.

Der von Helmuth Riemann erarbeitete *Stadtgrundriss* der Stadt Detmold entstand, ohne dass Pläne aus dieser Zeit als Grundlage hätten dienen können. Diese Rekonstruktion beruht auf der Tatsache der geringen Veränderlichkeit alter Grenzen, Straßen, Grundstücke, Keller und Grundmauern. Auch die Detmolder Häuser dürften bei den wenigen Bränden, die zudem schon im 15. und 16. Jahrhundert geschahen, auf den alten Hausstätten neu erstanden sein. Dabei ist die geringe Veränderung des Detmolder Hausbesitzes während des Dreißigjährigen Krieges auffällig. Allerdings war die Residenz von Einquartierungen tatsächlich vollkommen verschont geblieben. Wir können um 1600 mit etwa 200 bürgerlichen Häusern in Detmold rechnen, von denen etwa nur die Hälfte wortzinspflichtig war, also Wortzins, eine Art Grundsteuer, an den Landesherren zahlen musste. Burgmannenhöfe und kirchlicher Besitz waren immer wortzinsfrei. (Die wortzinspflichtigen Häuser sind im Plan schraffiert angelegt.) Trinkwasser wurde in der Stadt aus vielen Brunnen unterschiedlicher Qualität geschöpft, das schlechte Wasser einiger Brunnen durfte zum Bierbrauen nicht verwandt werden. Die beiden Piepenbrunnen auf dem Markt und im Eingang zur Exterstraße (Ziffern 12 des Planes) wurden durch hölzerne Piepen- (Röhren-) Leitungen aus dem Lünsborn gespeist. Diese

Il est donc frappant de voir que la propriété des maisons n'a pratiquement pas changé pendant la guerre de trente ans. De plus, la ville n'a pas été forcée de recueillir des réfugiés.

En 1600, la ville de Detmold comptait environ 200 maisons bourgeoises, dont la moitié environ payait un impôt foncier „Wortzins" qui devait être remis au prince. Les fermes „Burgmannenhöfe" et les biens de l'église étaient exonérés d'impôt. (Les maisons exonérées sont hachurées sur le plan). On tirait l'eau potable, dont la qualité était très différente, des nombreuses fontaines de la ville; on ne devait pas utiliser pour le brassage de la bière l'eau de mauvaise qualité de certaines fontaines. Le ruisseau „Lünsborn" alimentait par des conduits en bois les deux fontaines sur la place du marché et à l'entrée de la rue „Exterstraße" (numéro 12 sur le plan). Cette source qui provenait de la propriété „Klasing" dans la rue „Allee" alimentait en eau potable le château, sa ferme et plus tard la brasserie. Le plan montre le domaine du prince avec ses fortifications et sa ferme. Il s'étend sur presque un quart de la surface de la ville. La ferme a été plus tard transférée au bord de la ville, dans la vallée nommée „Johannettental". La mairie se trouvait à côté de trois maisons bourgeoises sur la place du marché actuelle, à moitié dans la rue „Lange Straße" et elle se dressait avec sa partie avancée sur piliers dans la rue „Bruchstraße". De cette avancée on pouvait voir les quatre rues jusqu'aux portes de la ville, donc jusqu'aux fortifications.

La rue „Lange Straße", nommée ainsi depuis 1487, a porté aussi les noms „Steinweg" (1485), „Mittelstraße" (1686), et „Freie Straße" (1558). Le nom de la rue „Möhrstraße" (Mörtstraße 1679-1756)

DETMOLD

Grundriß um 1660

Rekonstruktion von Helmuth Riemann

1 Rotes Tor
2 Hasenpforte
3 Zwischen der Bruchpforte
4 Vor der Bruchpforte
5 Bademutter- oder Schulhaus (Mädchen)
6 ehemalige Kaplanei
7 Brauhaus (1713)
8 u. 9 Pförtnerhäuser
10 Zwischen der Hornischen Pforte
11 An der Homei
12 Piepenbrunnen
13 Küsterhaus (Jungenschule)
14 Vor der Lemischen Pforte
15 Gasthaus zum Weißen Schwan
16 Gasthaus (Wittich)
17—23 Lage der ehemaligen Burgmannshöfe:
17 v. Exter
18 v. dem Busche später v. Exter
19 v. Schwarz später Kloster Marienanger
20 v. dem Busche später Kloster Marienanger
21 v. Schwarz später v. der Borch
22 v. Schwarz später v. der Borch
23 v. der Borch'scher Hof
24 Provinzialschule, ehemalige Klosterkapelle Marienanger
25 Obenolius später Kantorhaus
26 Bovenhus später Küsterhaus
27 Freier Hof
29 alte Fillerkuhle
31 Apotheke

Kreuzweise Schraffur kennzeichnet die wortzinspflichtigen Hausstätten

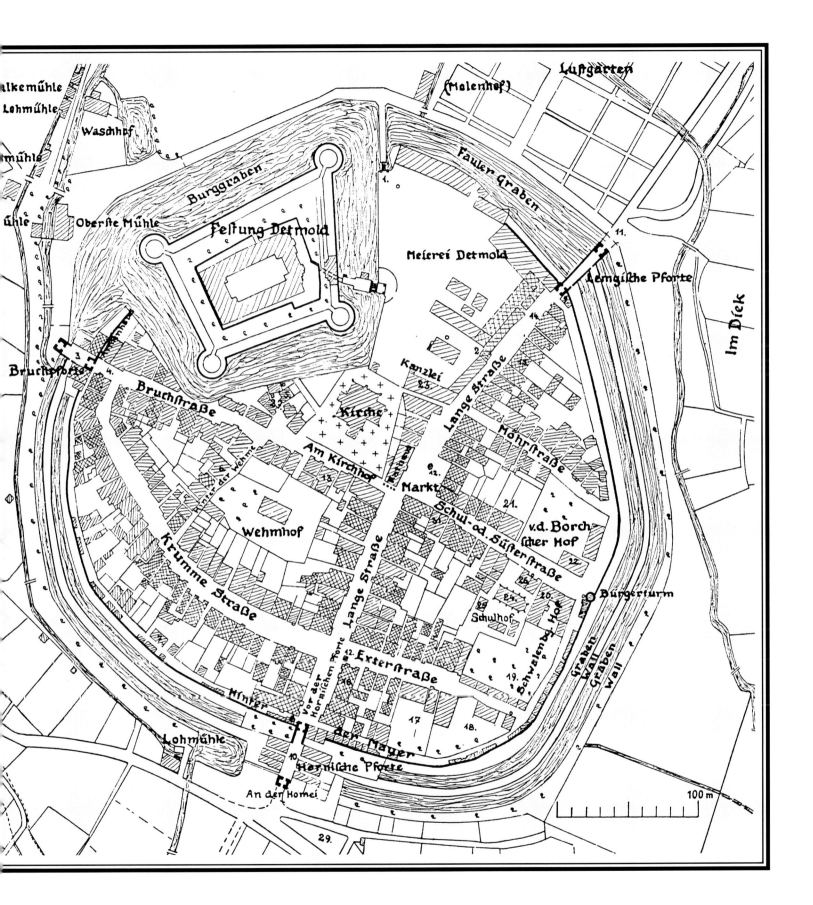

Quelle, die auf dem Klasingschen Grundstück an der Allee entsprang, versorgte das Schloss, die Meierei und später auch das Brauhaus mit Trinkwasser. Der Plan verdeutlicht, wie der Bezirk des Landesherren mit Festung und Meierei fast ein Viertel des Stadtgrundrisses bedeckt und die dritte Straße des Drei-Straßen-Systems aufgehoben hat. Die Meierei wurde später ins Johannettental an den Stadtrand verlegt. Das Rathaus stand neben drei Bürgerhäusern auf dem heutigen Großen Marktplatz, halb auf der Langen Straße, und ragte mit der auf Pfeilern vorgebauten Ratslaube weit in die Bruchstraße hinein. Aus dieser Laube konnten die vier Straßen der Stadt bis zu den Stadttoren beziehungsweise bis zur Stadtmauer eingesehen werden.

Die Lange Straße, seit 1487 so genannt, führte auch die Namen Steinweg (1485), Mittelstraße (1686) und Freie Straße (1558). Aus der Möhrstraße (Mörtstraße 1679-1756) wurde Mörderstraße (1687) und schließlich Meierstraße (1676). Die Stadt Detmold war von einer Stadtmauer umgeben. Die kurz nach 1800 abgebrochenen Stadttore waren Doppeltore mit dazwischenliegendem Zwinger. Am Ostende der Schülerstraße gab es kein Stadttor; hier stand vor der Stadtmauer der „Bürgerturm", dessen Standort noch heute im Straßen-pflaster markiert ist. Um die Stadtmauer führten zwei Wassergräben, zwischen ihnen lag ein Wall, welcher als Weg genutzt wurde. 1660 besaß Detmold drei herrschaftliche Mühlen: Die Obere Mühle mit der Boke- und Bohrmühle (zum Bohren der Piepen), die Mittlere Mahl und Sägemühle und die Untere Mahl- und Ölmühle. Als 1753 die neue Mühle auf der obersten Schleuse gebaut wurde die heutige Obere Mühle, wurde die bisherige Unterste Mühle abgebrochen.

devint „Mörderstraße" (1687) et enfin se tranforma en „Meierstraße"(1676). La ville de Detmold était entourée de murs d'enceinte. Les portes qui furent démolies après 1800 étaient des portes doubles avec au milieu une palissade. A l'extrémité de la rue „Schülerstraße" il n'y avait pas de porte, on trouvait devant le mur d'enceinte la tour „Bürgerturm" son emplacement est encore marqué aujourd'hui dans les pavés. Le long des remparts, il y avait 2 fossés remplis d'eau, ils étaient séparés par un remblai qui servait de promenade. En 1660, Detmold possédait 3 moulins appartenant au prince: le moulin supérieur qui servait à percer les conduits; le moulin du milieu qui servait de scierie; le moulin inférieur qui servait à moudre et à presser. Lorsqu'en 1753 le nouveau moulin fut construit sur l'écluse la plus haute - aujourd'hui le moulin supérieur - le moulin le plus inférieur fut détruit.

Alphabetisches Stichwortregister

Adlerwarte Berlebeck	112/113
Adolfstraße	46/47
Allee	88/89
Arbeitsamt	103
Architektur alt und neu	12/13
Art Kite Museum	138/139
Bahnhof	95
Berlebeck	112/113/129
Bezirksregierung	70
Brauerei Strate	98/99
Brockhausen	122
Burggraben	90
Christuskirche	94/95
Chronogramm, Lange Straße	62
Detmolder Häuser, Details	60/61
Detmolder Hof, Giebel und Schmuckausleger	55
Detmolder Sommerbühne	137
Dietrich-Bonheffer-Berufskolleg	102
Donoper Teich	131-133
Erlöserkirche	16-18
Exterstraße	42/48
Gilde-Zentrum	104/105
Grabbehaus	34
Grabenstraße	44/45
Grafregent-Ernst-Denkmal	20
Gut Röhrentrup	121
Heiligenkirchen	110/111/126
Hermannsdenkmal	107/109
Hermannstraße	96/97
Hiddeser Bent	134/135
Hochschule für Musik	84-87
Hof-Apotheke	63/64
Hornoldendorf	125
Hornsche Straße	69
Hünenring	131
Justizgebäude und ehemaliger Landtag	11
Karstadt	65
Kreishaus	101
Krumme Straße	36-39
Kunstmarkt	137
Landesbibliothek	78/79
Landesmuseum	29-32
Landestheater	28/29
Landeswappen	10
Landgericht	33
Lange Straße	52-59
Leopoldinum	75/76
Lippische Landes-Brandversicherungsanstalt	81
Lippischer Hof	83
Loßbruch	123
Martin-Luther-Kirche	50
Meierstraße	66/67
Meisenbugsches Palais	69
Mosebeck	124
Münsterbergsches Haus	73
Neustadt	82
Oberschönhagen	123
Offiziantenhaus	68
Palaisgarten	86, 87
Rathaus	19
Rathaus und Wochenmarkt	18
Reithalle	21
Residenzschloss	9/22-25
Schmeremenhaus	41
Schule am Wall	35
Schülerstraße	49
Sinalco-Haus	95
Sparkasse Detmold	92/93
Stadtbücherei	71
Stadthalle und Landestheater	26/27
Stadtmauer	41
Stadtplan	142/143
Stadtsiegel	140
Stadtvilla am Wall	35
Stadtwappen	10
Synagoge	43
Vahlhausen	124
Vogelpark Heiligenkirchen	110/111
Volkshochschule	36
Wallgraben	91
Westfälisches Freilichtmuseum	115-119

Impressum

Copyright © Verlag Brigitte Spethmann
Lemgo 1999
Alle Rechte vorbehalten
Fotos: Rüdiger Hose, Rainer Langstrof
Texte: Diether Kuhlmann
Übersetzungen: Thomas Hesse (Engl.), Estelle Dessart-Weege (Franz.)
Gesamtherstellung: topp+möller, Detmold
ISBN: 3-9802737-2-5